EXTREME HOTELS

EXTREME

NATURE

ARCHITECTURE

© 2007   Tectum Publishers
Godefriduskaai 22
2000 Antwerp, Belgium
info@tectum.be
+ 32 3 226 66 73
www.tectum.be

ISBN: 90-76886-39-3
EAN: 9789076886398
WD: 2007/902/3
(16)

HOTELS

TRANSPORTATION

DECORATION

INTRODUCTION

Travel is an integral part of being human. Pushing boundaries, discovering new horizons, going in search of the end of the world... it is this pioneering spirit that has made sure humankind has spread over the entire planet. Since the birth of the travel industry some time in the late 19th century, man has always endeavoured to gain new experiences, visit original places, and add new discoveries to his list. Nowadays, when the digital revolution means that the world is increasingly reduced to the status of a large village and every one in the industrialised world is able to travel to the other side of the globe, there is a need for new and unique sensations. Original experiences which are once again worth telling people about.

Originality is exactly what you can expect from the hotels, B&Bs and holiday homes in this book. Extreme Hotels presents 44 of the world's most amazing holiday destinations in words and pictures. Each and every one of them is intended to offer its guests a unique experience, whether this means sleeping in a cave or underwater, having to brave the cold in an igloo or a snow hotel, having to climb up to a tree top or a quayside crane, or finding themselves inside a wine vat or a dog.

The locations have been divided into four sections. In Nature you will find places defined by their environment, such as a desert fortress, an astro-hotel and a tipi village. The Architecture chapter takes a closer look at accommodations with a special appearance, such as a prison inn, an arena hotel and a Hobbit house. Transportation is about means of transport that have been converted into accommodation, such as an aeroplane, a station and a survival capsule. Decoration looks at unique interiors, including a design hotel, a book hotel and a capsule hotel.

Some of these places are exclusive and have a price to match, while others are creative and affordable. One thing is certain: there is something for every pocket in this book. And whether you browse through the book looking for a new and original holiday experience, to wonder in amazement at the creativity the human mind is capable of, or to stimulate interesting conversations, with these varied forms of accommodation, success is assured!

Voyager est dans la nature de l'homme. Traverser des frontières, découvrir de nouveaux horizons, partir explorer le bout du monde... c'est cet esprit pionnier qui a dispersé le genre humain tout autour du globe. Depuis la création de l'industrie du voyage, quelque part au milieu du 19e siècle, les gens ont toujours aspiré à de nouvelles expériences, à visiter des lieux originaux, à associer leur nom à des découvertes. Aujourd'hui, la révolution digitale a ramené le monde à l'échelle d'un grand village et chacun est capable de voyager à l'autre bout de la planète, ce qui a créé un nouveau besoin de sensations nouvelles et uniques. Et généré des expérimentations originales qui, à leur tour, valent la peine d'être racontées.

L'originalité est précisément ce qu'on peut attendre des hébergements présentés dans ce livre. Extreme Hotels vous présente, en mots et en images, 44 des destinations de vacances les plus sensationnelles qui puissent exister. Leur objectif est de faire vivre à leurs hôtes une expérience unique. Qu'il s'agisse de dormir dans une grotte ou sous l'eau, d'affronter le froid d'un igloo ou d'un hôtel de neige, qu'il leur faille grimper au sommet d'un arbre ou d'une grue ou trouver un toit dans un tonneau, voire un chien.

Les logements présentés dans ce livre sont répartis selon quatre thèmes. Dans le chapitre « Nature », vous retrouvez des hébergements qui sont définis par leur biotope, comme ce château du désert, cet hôtel astronomique ou ce villages de tipis. Le chapitre « Architecture » présente les hébergements qui se caractérisent par une vue très extraordinaire: une prison, une arène ou une habitation hobbit. « Transportation » est consacré aux moyens de transport qui ont été convertis en logement comme un avion, une gare ou une capsule de survie. « Decoration » décrit des intérieurs uniques parmi lesquels un hôtel design, un hôtel-bibliothèque et un hôtel capsule.

Certaines destinations sont exclusives et se paient au prix fort, d'autres jouent la créativité et s'adressent aux petits budgets. Une chose est sûre : ce livre comporte des découvertes pour chaque bourse. Et que vous soyez continuellement à la recherche d'une nouvelle expérience de vacances, que vous vouliez vous étonner de la créativité dont fait preuve l'être humain, ou que vous vouliez engager des conversations passionnantes, le succès de ces hébergements est garanti!

Reizen is iets wat in de mens ingebakken zit. Grenzen verleggen, nieuwe horizonten ontdekken, op zoek gaan naar het einde van de wereld... het is die pioniersgeest die ervoor gezorgd heeft dat de menselijke soort zich heeft weten te verspreiden over gans de aardbol. Sinds het ontstaan van de reisindustrie, ergens eind 19e eeuw, heeft de mens er dan ook altijd naar gestreefd om nieuwe ervaringen op te doen, originele plaatsen te bezoeken, ontdekkingen op zijn naam te schrijven. Vandaag de dag, in tijden waarin de wereld dankzij de digitale revolutie hoe langer hoe meer herleid wordt tot een groot dorp en iedereen in de geïndustrialiseerde wereld in staat is om naar het andere eind van de planeet te reizen, is er een nood ontstaan aan nieuwe, unieke sensaties. Originele belevenissen die opnieuw de moeite waard zijn om naverteld te worden.

Originaliteit is precies wat je kan verwachten van de hotels, B&B's en vakantiewoningen in dit boek. Extreme Hotels toont 44 van 's werelds meest opzienbarende vakantiebestemmingen in woord en beeld. Stuk voor stuk hebben ze als doel hun gasten een unieke ervaring aan te bieden, of dat nu inhoudt dat ze moeten slapen in een grot of onder water, dat ze de kou moeten trotseren in een iglo of een sneeuwhotel, dat ze in een boomtop of een havenkraan moeten klimmen, of dat ze onderdak moeten vinden in een wijnvat of een hond.

De accommodaties in dit boek zijn onderverdeeld in vier hoofdstukken. In 'Nature' vind je gastenverblijven terug die gedefinieerd worden door hun biotoop, zoals een woestijnkasteel, een astrohotel en een tipidorp. Het hoofdstuk 'Architecture' gaat dieper in op logeergelegenheden die speciaal zijn omwille van hun uitzicht, zoals een gevangenisherberg, een arenahotel en een hobbitwoning. 'Transportation' gaat over vervoermiddelen die omgebouwd werden tot logementen, zoals een vliegtuig, een station en een overlevingscapsule. 'Decoration' omhelst accommodaties met unieke interieurs, waaronder een designhotel, een boekenhotel en een capsulehotel.

Sommige bestemmingen zijn exclusief en hebben een bijbehorend prijskaartje, andere zijn creatief en budgetvriendelijk. Eén ding is zeker: in dit boek is er voor iedere beurs wel iets te vinden. En of je het nu doorsnuffelt op zoek naar een nieuwe, originele vakantie-ervaring, om je te verbazen over de creativiteit waartoe de menselijke geest in staat is, of om boeiende gesprekken uit te lokken, met deze accommodaties is succes verzekerd!

NATURE

IGLOO VILLAGES SWITZERLAND

Sleeping on the slopes

In Switzerland, one man's dream of being the first on the ski piste to test out the fresh snow has expanded into a tourist concept. Ten years ago Adrian Günther had the idea of erecting an igloo village on the slopes of the skiing village of Motta Naluns. The locals thought him harmless but misguided: why would anyone want to sleep in the snow while there were more than enough warm beds down in the valley? Now, after thousands of guests and a total of five igloo villages, this scepticism has turned into respect. All the Iglu-Dorfen are at about 2000 metres up in the Alps and are rebuilt annually using about 3000 tons of snow. Both the standard and the romantic igloos contain ice sculptures by international artists. The guests always have a sauna or jacuzzi at their disposal to warm themselves up.

Descendre chaque jour le premier les pistes de ski et tester la neige fraîche. Le rêve d'Adrian Günther s'est mué, en Suisse, en un concept touristique. Cet homme a eu l'idée, il y a dix ans, d'implanter un village d'igloos sur les flancs de la station de ski Motta Naluns, sous le regard apitoyé de la population locale. Pourquoi diable quelqu'un voudrait-il dormir dans la neige quand la vallée dispose de lits douillets en suffisance? Des milliers d'occupants et cinq villages d'igloos plus tard ont eu raison du scepticisme, qui a fait place au respect. Chaque Iglu-Dorf se trouve à une altitude de quelque 2.000 mètres dans les Alpes. Il est rebâti chaque année au moyen de 3.000 tonnes de neige. Qu'ils soient romantiques ou standards, les igloos sont décorés d'oeuvres de glace sculptées de la main d'artistes internationaux. Un sauna ou un bain à bulles est toujours là pour vous réchauffer.

In Zwitserland is de droom van één man -elke dag als eerste de ski-piste betreden en de verse sneeuw uittesten- uitgegroeid tot een toeristisch concept. Adrian Günther kreeg tien jaar geleden het idee om op de berghellingen van skidorp Motta Naluns een iglodorp neer te poten. De lokale bevolking bekeek hem meewarig: waarom zou iemand in de sneeuw willen slapen terwijl er in de vallei warme bedden genoeg waren? Duizenden gasten en vijf iglodorpen later is het scepticisme omgeslagen in respect. Alle Iglu-Dorfen bevinden zich op circa 2.000 meter hoogte in de Alpen en worden jaarlijks opgebouwd uit ongeveer 3.000 ton sneeuw. Zowel de standaard als de romantische iglo's bevatten ijssculpturen van de hand van internationale kunstenaars. Ter plekke is er altijd een sauna of whirlpool beschikbaar om jezelf op te warmen.

IGLU-DORF GMBH - Engelberg / Gstaad / Scuol / Zermatt / Zugspitze, Switzerland - +41 41 612 27 28 - www.iglu-dorf.com - info@iglu-dorf.com

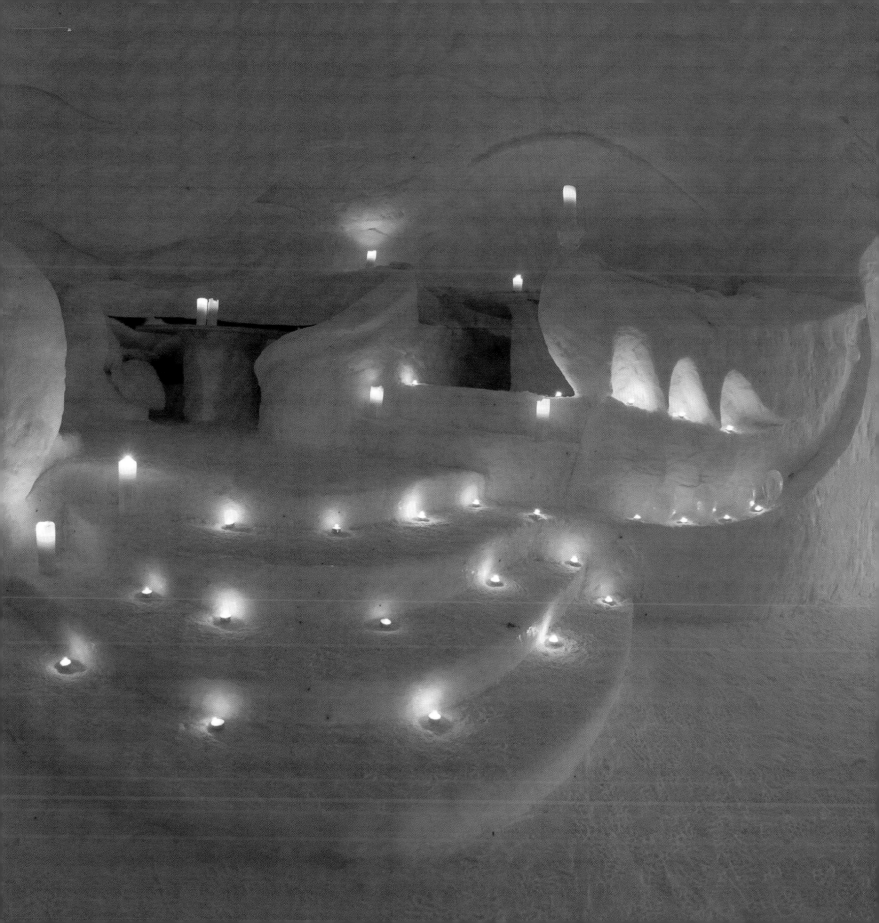

If this is where you want to say 'I do', a snow-church can be built. Günther hopes that one day they will even need a baptismal font made of snow.

Voulez-vous échangez vos consentements mutuels ici? On peut vous construire une église. Günther espère même qu'on lui demande des fonts baptismaux un jour...

Wil je hier je ja-woord geven, dan is men bereid tot de bouw van een sneeuwkerk. Günther hoopt zelfs dat er ooit een sneeuwdoopvont nodig zal zijn...

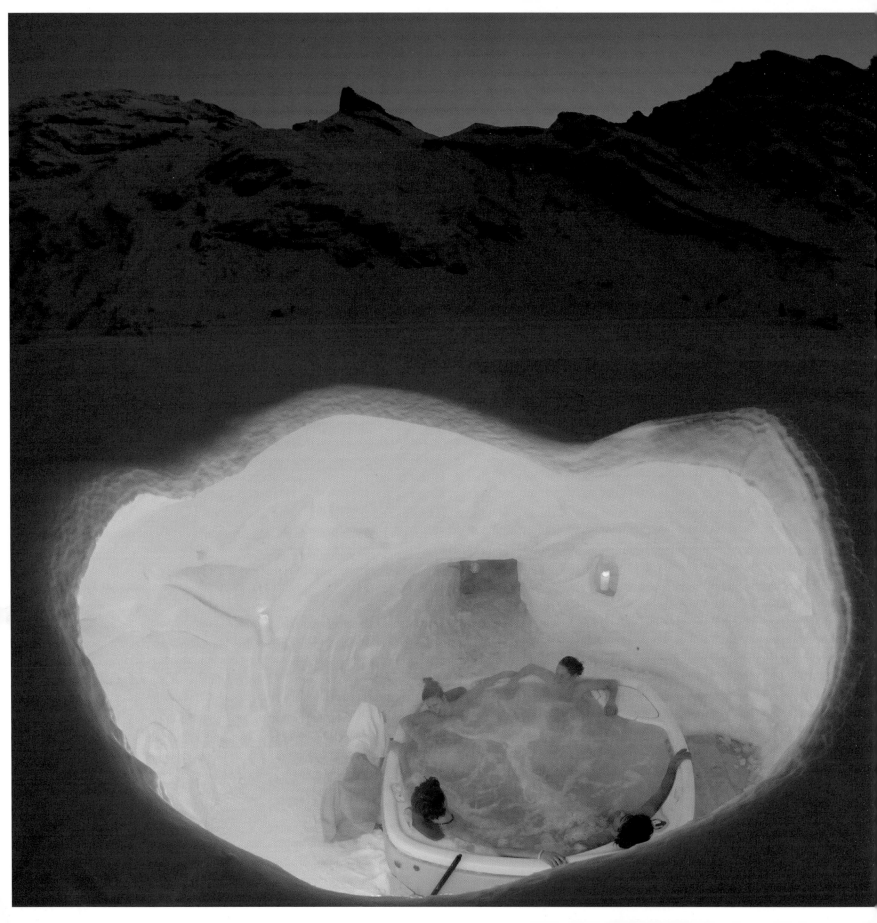

The guests' favourite activities are skiing, walking in snowshoes and building an igloo themselves.

Les activités préférées des hôtes sont le ski, les promenades en raquettes et même la construction d'un igloo.

De favoriete activiteiten van de gasten zijn skiën, sneeuwschoenwandelen en zelf een iglo bouwen.

UNDERWATER COTTAGE SWEDEN

Living on a lake

This, the brainchild of the artist Mikael Genberg, is the materialisation of the Swedish dream of a red and white cottage on a private island. The Utter Inn is essentially nothing more than a watertight box, just big enough for two beds and a table, attached to the underside of a floating platform. On top there is a terrace and a little house with an oven and a toilet. A car battery provides the power for heating and light. Guests are taken by rowing boat from the harbour at Västerås to the Utter Inn, where they are left to their own devices. The evening meal – included in the deluxe version – takes the same route. But you need never really feel lonely here: through the windows on the lower floor you will attract a lot of attention from the fish, and on top you can count on the curious looks from passing boats. Fortunately the Swedish are extremely polite and will never circle around the hotel more than twice!

UTTER INN - Lake Malaren, Västerås, Stockholm, Sweden - +46 21 39 01 00 - www.vasterasmalarstaden.se/

Ce concept qu'a imaginé l'artiste Mikael Genberg dépasse de loin le cottage rouge et blanc perché sur une île privée dont rêve tout Suédois. Utter Inn n'est au fond qu'une boîte hermétique immergée sous une plateforme, juste assez grande pour accueillir deux lits et une table. A la surface une petite maison disposant d'une cuisinière et d'une toilette, entourée d'une terrasse. Une batterie d'auto se charge de fournir chaleur et électricité. Vous êtes amenés en barques à rames du port de Västerås et déposé à Utter Inn. Le repas du soir – inclus dans la version deluxe - suit la même voie. Et malgré tout, vous ne cous sentirez jamais esseulés. Dessous, des hublots permettent d'observer les poissons. Dessus, vous pouvez compter sur la curiosité des marins. Heureusement, la politesse des Suédois les empêche d'effectuer plus de deux tours autour de l'hôtel.

Dit geesteskind van kunstenaar Mikael Genberg veruitwendigt de Zweedse droom van een rood-met-witte cottage op een privé-eiland. Utter Inn is in wezen niets meer dan een waterdichte doos, net groot genoeg voor twee bedden en een tafel, bevestigd onder een drijvend platform. Boven vind je een terras en een huisje met een fornuis en een toilet. Een autobatterij zorgt voor verwarming en elektriciteit. Vanuit de haven van Västerås word je per roeiboot naar Utter Inn gebracht en daar achtergelaten. Het avondeten – inbegrepen in de deluxe versie – volgt via dezelfde weg. Toch hoef je je hier nooit echt eenzaam te voelen: beneden heb je dankzij de ramen volop bekijks van de vissen, boven kan je rekenen op de nieuwsgierige blikken van schippers. Gelukkig zijn Zweden erg beleefd en maken ze nooit meer dan twee rondjes rond het hotel!

Genberg also made a café five metres above the ground, a transparent toilet and a treehouse hotel (see p. 46). He is currently planning a cottage on the moon.

Genberg a aussi créé un café à 5 mètres du sol, une toilette dont les parois permettent d'observer son environnement tout en restant à l'abri des regards ainsi qu'un hôtel niché dans un arbre (voir p. 46). Il projette actuellement un cottage sur la lune.

Genberg creëerde ook nog een café op vijf meter hoogte, een doorkijktoilet en een boomhuthotel (zie p. 46). Hij plant nu een cottage op de maan.

TIPI VILLAGE USA

Beautiful Blackfeet Country

This authentic tipi camp stands in the midst of the unspoiled natural environment of the Blackfeet Indian Reservation, where the prairie meets the Rocky Mountains. You can spend the night in this atmospheric setting in a traditional double-walled canvas tipi with an open fire in the middle. What you yourself need to bring are a mattress, a sleeping bag and a torch; the firewood and breakfast are provided. For the evening meal you can fill up on buffalo, deer or elk; during the night you are treated to a concert of chirruping crickets and, with a bit of luck, howling coyotes. For those who want to feel like real Indians, there is trout-fishing or hunting in the company of a Blackfeet guide, or else you can canoe or swim in a mountain lake, join in a Blackfeet art workshop or go riding on a mustang.

Au milieu d'une nature préservée, à la réserve indienne Blackfeet, située au croisement de la prairie et les Rocky Mountains, gît un authentique camp de tipis. Cet endroit magique vous permet de loger dans un tipi traditionnel comprenant une double paroi de toile et un foyer central. Vous apporterez de préférence un matelas, un sac de couchage et une lampe de poche. Le bois et le petit déjeuner vous seront fournis. Le soir vous vous régalerez d'un repas de viande de buffle, cerf ou élan. Pendant la nuit, vous assisterez à un concert de grillons et, avec un peu de chance, de coyotes hurlants. Et qui désire véritablement se glisser dans la peau d'un Indien peut s'essayer à la pêche à la truite ou chasser en compagnie d'un guide Blackfeet, faire du canoë, nager dans un petit lac de montagne, participer à un atelier d'artisanat Blackfeet ou chevaucher mustang.

Middenin de ongerepte natuur van het Blackfeet indianenreservaat, waar de prairie en de Rocky Mountains elkaar ontmoeten, ligt dit authentieke tipikamp. Op deze sfeervolle plek kan je overnachten in een traditionele dubbelwandige canvas tipi met een haardvuur in het midden. Zelf breng je liefst een matras, slaapzak en zaklamp mee; voor brandhout en ontbijt wordt gezorgd. 's Avonds kan je je te goed doen aan een maaltje van buffel-, herten- of elandenvlees; 's nachts word je vergast op een concert van tsjirpende krekels en – met een béétje geluk – huilende coyotes. Wie zich even écht een Indiaan wil voelen, kan onder meer gaan forelvissen of jagen in het gezelschap van een Blackfeet-gids, kanoën of zwemmen in een bergmeertje, deelnemen aan een 'Blackfeet art' workshop, of een ritje maken op een mustang.

LODGEPOLE GALLERY & TIPI VILLAGE - P.O. Box 1832, Browning, Montana 59417, USA - +1 406 338 2787 - www.blackfeetculturecamp.com - lodgepole@blackfeetculturecamp.com

The camp has ten tipis, a ceremonial hut, a shower area and a log cabin for meals and socialising.

Le camp dispose de dix tipis, une hutte de cérémonie, un espace douche ainsi qu'un espace de restauration et de réunion.

Het kamp beschikt over tien tipi's, een ceremoniële hut, een doucheruimte en een blokhut die dient als eet- en ontmoetingsruimte.

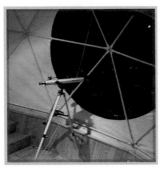

ASTRO HOTEL CHILE

Staring at the stars

This futuristic-looking ecological hotel comprises seven small lightweight dome tents, each with a spacious private terrace and a powerful telescope. It is not without reason that the Elqui Domos, which first saw the light of day in February 2005, is called an astronomical hotel. In the domes themselves there are two floors: on the ground floor a plainly furnished living room and bathroom, and upstairs a bedroom with an unzippable roof. This enables you to still enjoy Chile's unrivalled star-spangled sky even when you are in bed. You can revel in the quietness and the view over the green Elqui Valley from your own terrace, you can enrol for nocturnal horse rides – especially magical under a full moon – or spoil yourself in the main tent with its restaurant, swimming pool and hot tub.

Cet hôtel d'aspiration écologique comprend sept petites tentes en forme de coupole, équipée chacune d'une terrasse privée et d'un télescope puissant. Elqui Domos, qui s'est ouvert en février 2005, mérite bien son nom d'hôtel astronomique. Les petits dômes comprennent deux étages: au rez-de-chaussée se trouvent une salle de bains et un séjour sobrement équipés, à l'étage une chambre à coucher avec toit ouvrant. De cette façon il est possible de profiter, allongé sur son lit, du ciel étoilé sans pareil qu'offre le Chili. De votre terrasse, vous pouvez profiter du calme et de la vue qu'offre la vallée d'Elqui. Vous pouvez vous inscrire à une randonnée nocturne à cheval – magique à la pleine lune – ou vous laisser séduire par la tente centrale où se trouvent un restaurant, une piscine et un hot tub.

Dit futuristisch ogend ecologisch hotel bestaat uit zeven lichtgewicht koepeltentjes, stuk voor stuk uitgerust met een ruim privéterras en een krachtige telescoop. Elqui Domos, dat het levenslicht zag in februari 2005, noemt zich dan ook niet voor niets een 'astronomisch hotel'. In de domes zelf vind je twee verdiepingen: op het gelijkvloers een sober ingerichte woonkamer en badkamer, en bovenin een slaapkamer met afritsbaar dak. Op die manier kan je dus zelfs vanuit je bed nog genieten van de ongeëvenaarde Chileense sterrenhemel. Ter plekke kan je vanop je eigen terrasje genieten van de stilte en het uitzicht over de groene Elquivallei, je kan je inschrijven voor nachtelijke ritjes te paard – vooral magisch bij volle maan – of je laten verwennen aan de centrale tent met restaurant, zwembad en hot tub.

ELQUI DOMOS - Camino Público Pisco Elqui a Horcón Km. 3,5, Sector Los Nichos s/n, Paihuano, Región de Coquimbo, Chile- +56 51 211 453 - www.elquidomos.cl - reservas@elquidomos.cl

The key words at Elqui Domos are quality, small-scale and personal service.

Les mots clés chez Elqui Domos sont qualité, minimalisme et attention personnalisée.

Sleutelwoorden bij Elqui Domos zijn kwaliteit, kleinschaligheid en persoonlijke aandacht.

The remote setting means your star-gazing is not marred by light pollution.

Grâce à la localisation du lieu, aucune pollution lumineuse ne perturbe l'observation des étoiles.

Dankzij de afgelegen locatie heb je bij het sterrenkijken geen enkele last van lichtvervuiling.

EARTHSHIP RENTAL USA

Mother Nature's womb

No, it's not a set from a George Lucas film, but an earthship, an ecologically sustainable house that provides for all its occupants' needs entirely autonomously. The originator of this concept is Michael Reynolds, an American "biotect" who, thirty years ago, looked for a "green" way of living that lacked none of the comfort and style we expect. The result is a type of house that heats up and cools down naturally, produces its own electricity and builds up its own stocks of water, processes its own waste water, produces food itself and is built largely using waste products such as bottles, bales of straw and old tyres. The Hut, a studio flat, and The Phoenix, a fully-equipped home, are let out by Earthship Biotecture to give people the opportunity to find out for themselves how comfortable ecological living can be.

Il ne s'agit pas d'un décor issu d'un film de George Lucas mais d'un vaisseau terrestre, une maison écologiquement responsable qui pourvoit à tous les besoins de ses locataires de manière autonome. Le concept revient à Michael Reynolds, un bio technicien américain parti il y a trente ans à la recherche d'un mode de vie écologique sans sacrifier au confort et au style. Les maisons qui en résultent sont chauffées et rafraîchies naturellement, produisent du courant, captent leur eau et traitent leurs eaux usées, produisent de la nourriture. Elles sont construites en grande partie au moyen de matériaux recyclés comme bouteilles, ballots de paille et pneus. Le studio The Hut et l'habitation complète The Phoenix, sont mis en location par Earthship Biotecture afin de permettre aux gens d'expérimenter à quel point une maison écologique peut être confortable.

Nee, dit is geen decor uit een of andere George Lucas-film, maar een aardschip, een ecologisch verantwoord huis dat geheel onafhankelijk in alle behoeften van zijn bewoners voorziet. De vader van dit concept is Michael Reynolds, een Amerikaanse 'biotect' die 30 jaar geleden op zoek ging naar een manier om 'groen' te leven zonder in te boeten aan comfort en stijl. Het resultaat zijn huizen die voor een natuurlijke opwarming en afkoeling zorgen, zelf stroom produceren en een eigen watervoorraad opbouwen, hun eigen rioolwater verwerken, zelf voedsel produceren en grotendeels gebouwd zijn met behulp van afvalstoffen, zoals flessen, strobalen en banden. The Hut, een studio, en The Phoenix, een volledig uitgeruste woning, worden door Earthship Biotecture verhuurd om mensen de kans te geven te ervaren hoe comfortabel ecologisch wonen wel kan zijn.

THE HUT & THE PHOENIX - EARTHSHIP BIOTECTURE, P.O. BOX 1041, TAOS, NEW MEXICO, USA - +1 505 751 0462 - WWW.EARTHSHIP.COM - RECEPTION@EARTHSHIP.ORG

Thanks to ingenious insulation techniques, it is possible to pick edible bananas at an altitude of 2000 metres in the desert while it is snowing outside.

Grâce à d'ingénieuses technologies d'isolation il est possible de cueillir des bananes, dans le désert, à 2.000 mètres d'altitude, alors qu'il neige dehors.

Dankzij ingenieuze isolatietechnieken is het mogelijk om op 2.000 meter hoogte, in de woestijn, eetbare bananen te plukken terwijl het buiten sneeuwt.

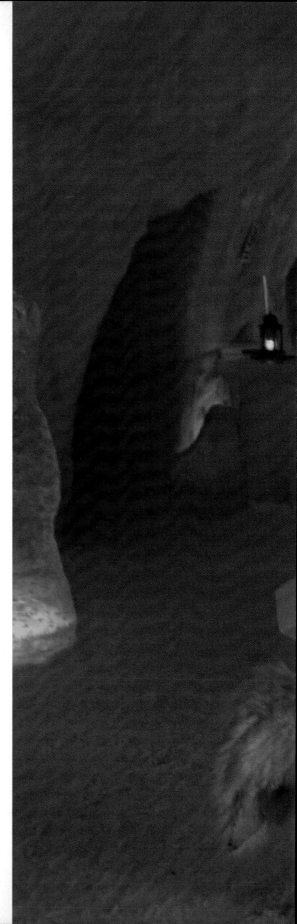

SNOW HOTEL FINLAND

Mind the meltdown

LumiLinna SnowCastle & Hotel is a real work of art that Lapp artists and designers put together in December and which in April or May irrevocably melts again. The walls, floors and ceilings are made entirely of snow and ice which, combined with the light and sound effects, makes for a unique atmosphere. The hotel has twenty double rooms, three group dormitories and a bridal suite. The rooms are frugal to say the least: they contain no more than a bed and electric lighting. Your luggage is stored in a locker on arrival. At night you are able to use a special sleeping bag, you have breakfast in the heated reception area and you then get a lift to a normal hotel for a much-needed shower and sauna.

L'hôtel et la forteresse de neige LumiLinna sont une véritable oeuvre d'art. Sortie du sol en décembre grâce au travail d'artistes et créateurs lapons, elle fond inéluctablement en avril ou en mai.
Les murs, sols et plafonds sont entièrement constitués de glace et de neige qui, combinés avec des effets son et lumière confèrent une atmosphère unique au lieu. L'hôtel dispose d'une vingtaine de chambres doubles, trois hébergements de groupe et une suite matrimoniale. Les chambres peuvent être qualifiées de sobres: elles ne disposent que d'un lit et de l'éclairage électrique. A l'arrivée, votre bagage est stocké dans une armoire. Durant votre séjour vous pouvez faire usage d'un sac de couchage spécial, déjeuner dans un espace de réception chauffé. Vous serez ensuite amenés dans un hôtel ordinaire où vous pouvez profiter d'une douche et d'une sauna bienfaisants.

LumiLinna SnowCastle & -Hotel is een heus kunstwerk dat in december door Lapse kunstenaars en ontwerpers uit de grond gestampt wordt om in april of mei weer onherroepelijk te smelten. De muren, vloeren en plafonds zijn voor de volle 100% opgetrokken uit sneeuw en ijs, wat in combinatie met de licht- en geluidseffecten zorgt voor een unieke sfeer. Het hotel beschikt over twintig tweepersoonskamers, drie groepsaccommodaties en een bruidssuite. De kamers zijn op zijn minst sober te noemen: ze bevatten enkel een bed en elektrische verlichting. Je bagage wordt bij aankomst opgeborgen in een kastje. Tijdens je overnachting mag je gebruik maken van een speciale slaapzak, ontbijt je in de verwarmde receptieruimte en krijg je vervolgens een lift naar een gewoon hotel voor een weldadige douche- en saunabeurt.

OY LUMILINNA KEMI, SNOWCASTLE / SNOWHOTEL LTD. - KAUPPAKATU 16, 94100 KEMI, FINLAND +358 16 259 502 - WWW.SNOWCASTLE.NET - INFO@SNOWCASTLE.NET

The temperature inside is -5 °C, which is pretty good compared to an outdoor temperature of around -30°C.

La température intérieure affiche -5°C, ce qui n'est pas mal compte tenu d'une température extérieure avoisinant les -30°C.

De binnentemperatuur bedraagt -5°C, wat best meevalt als je weet dat de buitentemperatuur rond de -30°C schommelt.

The snow chapel is very popular with those with marriage plans. One bridegroom even dared show up in a kilt!

La chapelle de neige rencontre un franc succès auprès de ceux qui désirent se marier. Un futur marié a même osé relever le défi de venir en kilt!

De sneeuwkapel is erg populair bij trouwlustigen. Eén bruidegom durfde het zelfs aan om hier gekleed in een kilt op te dagen!

UNDERWATER LODGE USA

Just like Jules Verne

Anyone who visits Jules' Undersea Lodge will immediately see that the name is no marketing dodge: you have to dive 6.5 metres down just to get there. And at the present time, Jules' is the only hotel in the world under the sea. You enter through an opening in the underside, into a wet room where you can take off your diving gear and have a shower. On one side there are two bedrooms, and on the other a communal area with a kitchenette and dining and relaxation area. Although both the rooms have a phone, video/DVD and stereo, the real eye-catchers are the round windows through which you look out into a tropical mangrove that is a natural breeding ground for fish, anemones, sponges and oysters. Guests may go diving as much as they like during their stay.

Le Jules' Undersea Lodge n'usurpe en rien son nom: pour y arriver il faut plonger à 6,5 mètres de profondeur. Jules' est aujourd'hui le seul hôtel au monde à se trouver en dessous du niveau de la mer. On pénètre dans le lodge par un sas percé dans le fond de l'édifice. Il donne sur la chambre humide, l'endroit où l'on se défait de sa combinaison de plongée avant de prendre une douche. D'un côté se trouvent deux chambres à coucher, de l'autre, un espace de séjour commun équipé d'une kitchenette, d'une salle à manger et d'un espace de détente. Chaque chambre est équipée d'un téléphone, d'un lecteur vidéo/dvd, d'une stéréo. Mais le vrai spectacle provient des hublots donnant sur une mangrove tropicale qui sert de milieu naturel aux poissons, anémones, éponges et huîtres de culture. Durant leur séjour, les locataires peuvent plonger autant qu'ils le souhaitent.

Wie Jules' Undersea Lodge bezoekt, merkt meteen dat de naam geen marketingtruc is: alleen al om er te geraken, moet je 6,5 meter diep duiken. Jules' is heden ten dage dan ook het enige hotel ter wereld dat zich volledig onder de zeespiegel bevindt. De lodge wordt betreden via een gat in de bodem dat uitgeeft in de 'natte kamer', de ruimte waar je je duikspullen uitdoet en een douche neemt. Aan de ene kant bevinden zich twee slaapkamers, aan de andere kant een gemeenschappelijke kamer met minikeuken, eet- en ontspanningsruimte. Hoewel alle kamers uitgerust zijn met telefoon, video/dvd en stereo, zijn de echte blikvangers de ronde ramen, waardoor je uitkijkt op een tropische mangrove die dienst doet als natuurlijk kweekgebied voor vissen, anemonen, sponzen en oesters. Gasten mogen tijdens hun verblijf zoveel duiken als ze willen.

JULES' UNDERSEA LODGE - KEY LARGO UNDERSEA PARK, 51 SHORELAND DRIVE, KEY LARGO, FLORIDA 33037, USA - +1 305 451 2353 - WWW.JUL.COM - INFO@JUL.COM

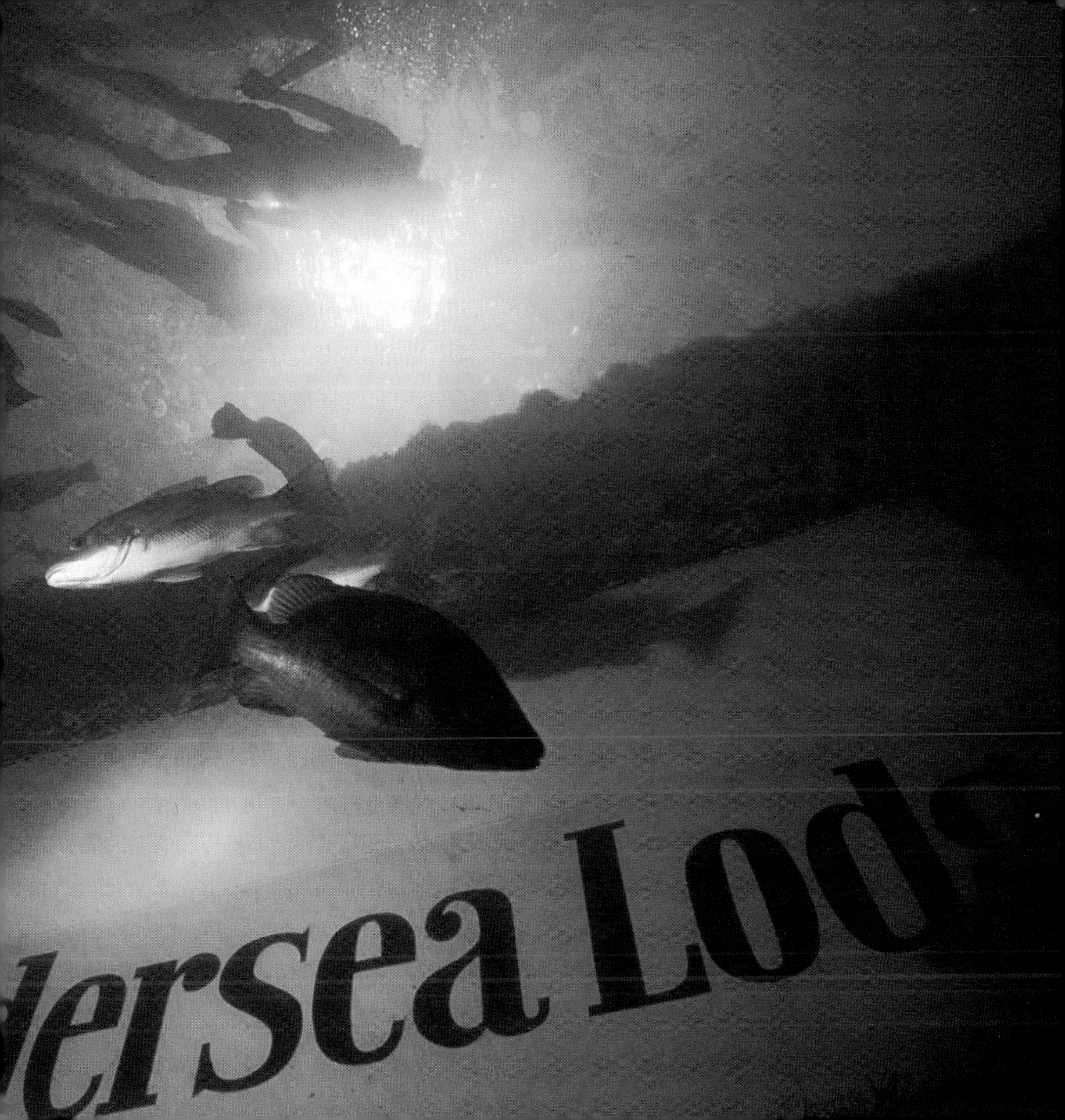
ersea Lod

In the early seventies, this underwater hotel was the largest and most technically advanced mobile underwater laboratory in the world.

A ses débuts, dans les années '70, cet hôtel sous-marin était l'un des labos les plus grands et les mieux équipés du monde.

Dit onderwaterhotel deed begin jaren '70 dienst als het grootste en meest technisch geavanceerde mobiele onderwaterlaboratorium ter wereld.

When guests are hungry, they can call in a 'mer-chef' or order a pizza. It is brought down in a watertight case.

Celui qui a faim peut laisser venir un « mer-chef » ou peut commander une pizza. Elle est acheminée par le bas au moyen d'un caisson étanche.

Wie honger heeft, kan een beroep doen op een 'mer-chef' of een pizza bestellen. Die wordt dan naar beneden gebracht in een waterdichte koffer.

DESERT CASTLE NAMIBIA

Dunes in the desert

Le Mirage Desert Lodge & Spa offers a harmonious mix of unbridled luxury and pure nature in the middle of the Namibian desert. This desert castle is built of local stone and thus appears to be an almost natural part of the environment. Inspired by Moroccan architecture and designed in accordance with the ancient forms of the African rondavel, it provides the cooling effect that is absolutely necessary in this extreme climate. The 27 luxurious suites provide a spectacular view of the desert, the pillars and arches create a mysterious atmosphere, the green enclosed garden and swimming pool offer diversion and the wellness centre the ultimate relaxation. If, in spite of all this, you still want to be active, you can dash about in the desert on a quad, visit the nearby Sossusvlei or go on a balloon flight you will never forget.

Le Mirage Desert Lodge & Spa est un mélange harmonieux de luxe démesuré et de nature à l'état pur, au milieu du désert Namibien. Le château du désert est constitué de pierres locales qui intègrent très naturellement l'édifice au paysage. Inspiré de l'architecture marocaine, il est développé selon les formes antiques d'une case africaine qui assurent la climatisation, indispensable dans ce climat extrême. Les 27 suites luxueuses offrent une vue sur le désert, les piliers et les arcades contribuent à une atmosphère mystérieuse, le jardin intérieur et la piscine se chargent de vous distraire tandis que le centre de bien-être vise la détente ultime. Et si malgré tout vous voulez rester actifs, vous pouvez traverser le désert en quad, visiter le Sossusvlei à proximité ou faire un mémorable voyage en ballon.

Le Mirage Desert Lodge & Spa biedt een harmonieuze mix van ongebreidelde luxe en puur natuur middenin de Namibische woestijn. Het woestijnkasteel is opgetrokken uit lokale steensoorten en maakt daardoor op bijna natuurlijke wijze deel uit van de omgeving. Geïnspireerd door de Marokkaanse architectuur en ontworpen volgens de aloude vormen van een Afrikaanse rondavel, zorgt het voor de verkoeling die broodnodig is in dit extreme klimaat. De 27 luxueuze suites bieden een spectaculair uitzicht over de woestijn, de bogen en pilaren creëren een mysterieuze sfeer, de groene binnentuin en het zwembad zorgen voor verstrooiing en het wellness center voor de ultieme ontspanning. Wil je desondanks toch nog actief zijn, dan kan je met een quad door de woestijn scheuren, de nabijgelegen Sossusvlei bezoeken of een memorabele ballonvaart maken.

LE MIRAGE DESERT LODGE & SPA · P.O. Box 90538, Windhoek, Namibia · +264 63 293 293 · www.lemiragelodge.com · lemirage@leadinglodges.com

Nearby lies the Sossusvlei, a unique area of red sand dunes up to 300 metres high that present a marvellous show at sunset.

Situé non loin, le Sossusvlei, un domaine de dunes rouges qui atteignent 300 mètres de haut, promet un spectacle magnifique au lever du soleil.

Vlakbij ligt de Sossusvlei, een uniek gebied met rode zandduinen die tot 300 meter hoog worden en bij zonsopgang een prachtig schouwspel bieden.

TREEHOUSE HOTEL SWEDEN

The smallest hotel in the world

This treehouse, designed by Mikael Genberg (see p. 14) is barely 12.5 sq. m. in area and is 13 metres above the ground in the municipal park at Västerås. The original intention was that it should be free for anyone who wished to spend the night there, but when it became clear that everyone wanted to try it, Hackspett was transformed into a hotel. In 2006 the original 1998 treehouse was replaced by a new construction with two balconies, a kitchenette, a single bed, a miniature library, a verandah with hammock, a toilet and a pair of binoculars. To reach it you have to climb a ladder which is then removed. After that, your only contact with the outside world is a pulley system by which food can be hoisted up.

Cette cabane que Mikael Genberg (voir aussi p. 14) a nichée dans un arbre du parc de Västerås ne fait que 12,5 m² et se trouve à 13 mètres de haut. A l'origine, son but était d'offrir le logis à qui souhaitait passer la nuit sur place. Mais lorsqu'il devint évident que tout le monde souhaitait y passer la nuit, Hackspett fut reconverti en hôtel. La cabane d'origine, qui date de 1998, a été remplacée en 2006 par une nouvelle construction. Elle dispose de deux balcons, d'une kitchenette, d'un lit d'une personne, d'une mini-bibliothèque, d'une véranda pourvue d'un hamac, d'une toilette et de jumelles. Pour arriver à la cabane, il faut grimper à une échelle qui disparaît ensuite. Le seul contact avec l'extérieur subsistant, consiste en un système de poulie qui permet de faire monter des aliments.

Deze boomhut van de hand van Mikael Genberg (zie ook p. 14) is amper 12,5 m² groot en bevindt zich op 13 meter hoogte in het stadspark van Västerås. Oorspronkelijk was het de bedoeling dat de hut gratis onderdak zou bieden aan eenieder die er een nachtje in wilde doorbrengen, maar toen duidelijk werd dat iedereen dat wel eens wilde, werd Hackspett omgedoopt tot hotel. De originele boomhut uit 1998 werd in 2006 vervangen door een nieuwe constructie die beschikt over twee balkons, een keukentje, een eenpersoonsbed, een mini-bibliotheek, een veranda met hangmat, een toilet en een verrekijker. Om de locatie te bereiken, moet je een ladder beklimmen die later verwijderd wordt. Je enige contact met de buitenwereld bestaat daarna uit een takelsysteem waarlangs voedsel naar boven gehaald kan worden.

Although this treehouse was originally intended for one person, couples who are willing to share a narrow single bed are also welcome.

Bien que la cabane soit à l'origine destinée à une seule personne, elle accueille aussi les couples prêts à se serrer dans un petit lit.

Hoewel de boomhut oorspronkelijk bedoeld was voor een persoon, zijn paren die een smal eenpersoonsbed willen delen ook welkom.

HOTEL HACKSPETT / WOODPECKER HOTEL - Vasaparken, Västerås, Stockholm, Sweden - +46 21 39 01 00 - WWW.VASTERASMALARSTADEN.SE

GREENHOUSE B&B
THE NETHERLANDS

Flowers for Breakfast

Near the beach in Noordwijk, in the heart of the colourful bulb fields of Holland, we find the Bloemenbed, a converted 250 sq. m. mobile greenhouse containing four accommodation units. Each unit has a terrace, a conservatory with kitchen and seating area, and a living room and bedroom with shower and toilet. Guests can in addition use the communal sun-room at the top, where it can be pleasantly warm on cloudless days. According to the owners, the fact that on rainy days a drop of water may find its way inside only adds to the atmosphere. In the early spring especially, one really has the feeling of sleeping in a bed of flowers, although sleeping so close to the bulbs has other conse-quences too: you may for example be woken up by a tractor or exca-vator.

A proximité de la plage de Noordwijk, en pleine région des bulbes se trouve le Bloemenbed, une serre de 250 mètres carrés comprenant quatre habitations. Chaque unité comprend une ter-rasse, une véranda avec une cui-sine et un living, une chambre à coucher équipée d'une douche et d'un wc. Vous pouvez en outre faire usage du solarium commun qui se trouve sous le toit, où par un temps sans nuage, il peut faire très chaud. Qu'il puisse également, en temps de pluie, s'infiltrer une goutte, contribue à l'atmosphère, selon les propriétaires. Au prin-temps, on croirait particulièrement dormir dans un lit de fleurs. Bien que dormir près des bulbes provoque d'autres d'effets: Il peut arriver d'être réveillé par un tracteur ou une déracineuse...

Dichtbij het strand van Noordwijk, middenin de kleurrijke Nederlandse bollenstreek, staat het Bloemenbed, een omgebouw-de rolkas van 250 m² met vier wooneenheden. Elke eenheid omvat een terras, een serre met keuken en zitgelegenheid, en een woon- en slaapkamer met douche en wc. Bovendien kan je gebruik maken van de gemeenschappelijke zonnekamer bovenin de kas, waar het op wolkenloze dagen behaaglijk warm kan worden. Dat er bij regen ook al wel eens een druppel binnen durft te vallen, draagt volgens de eigenaars enkel maar bij aan de sfeer. Vooral in het vroege voorjaar krijg je hier het idee dat je in een echt bloe-menbed slaapt, hoewel zo dicht bij de bollen slapen ook andere gevol-gen heeft: zo kan het wel eens gebeuren dat je wakker gemaakt wordt door een tractor of een rooimachine...

BLOEMENBED - Leeweg 14, 2203 LD Noordwijk, The Netherlands - +31 71 361 20 39 - www.bloemenbed.nl – hannie@bloemenbed.nl

The attic terrace gives you the opportunity to spy on summer birds like the lark and skylark.

Le solarium sous le toit offre la possibilité d'observer des oiseaux migrateurs tels que des vanneaux et des alouettes des champs.

Het zolderterras geeft je de mogelijkheid om broedvogels zoals de kievit en de veldleeuwerik te bespieden.

HOTEL ON STILTS MALDIVES

The wow experience

Thousands of miles away from real life, in the midst of an azure-blue sea, lies the ultimate tropical island fantasy: the Hilton Maldives Resort & Spa. On two private islands connected by a walkway, you will find 150 beach and water villas, four restaurants, a swimming pool, a spa and numerous sports facilities. The highlights are the Ithaa underwater restaurant and the two Sunset Water Villas, each with an area of 250 sq. m: the ultimate luxury in this seawater paradise. They both have a design interior, two marble bathrooms, a CD and DVD library, two flatscreen TVs, a surround-sound theatre system, an oak sun-terrace, a private jacuzzi with sea view, a private swimming pool dug out of the seabed, a living room with glass floor and a kingsize bed that turns through 180 degrees.

A des milliers de kilomètres de toute civilisation, perdu sur une île tropicale au milieu d'une mer azur, se trouve le Hilton Maldives Resort & Spa. Sur deux atolls privé reliés entre eux par un pont, se trouvent 150 villas de plage et de mer, quatre restaurants, une piscine, un centre de spa et quantité d'infrastructures sportives. Spectaculaires sont le restaurant sous-marin Ithaa et les deux villas Sunset Water, comprenant 250 m² de pur luxe dans un paradis d'eau douce. Toutes deux sont décorées design, disposent de deux salles de bain de marbre, d'un bibliothèque de cd et dvd, deux écrans plats, un système audio surround, un solarium en chêne, jacuzzi privé avec vue sur mer, une piscine privé nichée dans la mer, un séjour dont le fond est transparent et un lit tournant à 180°.

Duizenden kilometers verwijderd van het echte leven, middenin een azuurblauwe zee, ligt de ultieme tropisch-eiland-fantasie Hilton Maldives Resort & Spa. Verdeeld over twee privé-eilanden die via een loopbrug met elkaar verbonden zijn, vind je 150 beach- en watervilla's, vier restaurants, een zwembad, een spa en tal van sportfaciliteiten. Blikvangers zijn het onderwaterrestaurant Ithaa en de twee Sunset Water Villas, met een oppervlakte van 250 m² de ultieme luxe in dit zoutwaterparadijs. Beide zijn onder meer uitgerust met een designinterieur, twee marmeren badkamers, een cd- en dvd-bibliotheek, twee flatscreen tv's, een surround sound theatre system, een eikenhouten zonneterras, een privéjacuzzi met zeezicht, een in de zeebodem uitgegraven privézwembad, een woonkamer met glazen bodem én een 180 graden draaiend kingsize bed.

HILTON MALDIVES RESORT & SPA - P.O. BOX 2034, THE MALDIVES - +960 668 0629 - WWW.HILTON.COM/WORLDWIDERESORTS - MALDIVES@HILTON.COM

This resort can only be reached by seaplane, so luggage is also strictly limited to 20 kilo. Fortunately the main thing you need here is a swimsuit.

Ce resort n'est accessible que par hydravion. La quantité de bagages est donc limitée à 20 kg. Heureusement, ici un maillot de bain suffit.

Dit resort kan je enkel bereiken met een watervliegtuig. Bagage is dan ook strikt beperkt tot 20 kg. Gelukkig heb je hier vooral zwemgerei nodig.

The resort is proud of its attention to details. For example, every door has a water jar to rinse the sand off your feet.

Ici tous les détails ont été minutieusement étudiés. Chaque entrée est équipée d'une cruche à eau afin de rincer le sable de ses pieds.

Het resort gaat prat op zijn aandacht voor details. Zo is elke deur uitgerust met een waterkruik die dient om het zand van je voeten te spoelen.

CAVE HOTEL

TURKEY

Flintstone Fantasy

The unusual setting for this unique luxury hotel is Cappadocia, the world's most bizarre and surrealistic landscape. In 2000, a Turkish businessman converted thirty rooms in six fifth and sixth-century cave-dwellings into tasteful and exotic accommodation with a warm Ottoman interior, handmade antique furniture, richly decorated kilims and luxurious marble bathrooms. The rooms at the foot of the mountain can be reached by a labyrinth of narrow passages and stone spiral staircases connected to the suites at the top, which present a dizzying view of the small town of Ürgüp and the tufa cones that so typify the area. The nineteenth-century Greek house alongside the mountain contains the reception area, a well-equipped music room, a computer room, a DVD room and a meeting room.

La région Cappadoce offre le paysage le plus étrange et le plus surréaliste du monde et constitue un surprenant décor pour cet hôtel de luxe unique. Trente cavités dans six cavernes datant des cinq et sixième siècles ont été transformées en 2000 par une homme d'affaires turc. Il les a transformées en des logements exotiques et raffinés reproduisant la chaleur d'un intérieur ottoman, décorés de meubles artisanaux antiques, des kilims richement ornés et des salles de bains de marbre. On accède aux chambres au pied des montagnes par un dédale de couloirs étroits et de portes pivotantes en pierre. Les suites sont situées à l'étage, offrant une vue vertigineuse sur la petite ville d'Ürgüp et les cônes de calcaires si typiques de la région. Juste à côté de la montagne se trouve un hôtel particulier grec datant du 19e siècle où sont logés la réception, une chambre de musique, un pièce avec ordinateur, une salle de réunion et un salle de vision de dvd.

De Cappadocië-regio, 's werelds meest bizarre en surrealistische landschap, vormt het bevreemdende decor voor dit unieke luxehotel. Dertig kamers in zes grotwoningen uit de vijfde en zesde eeuw werden in 2000 door een Turkse zakenman getransformeerd in smaakvolle exotische accomodaties met een warm Ottomaans interieur, handgemaakte antieke meubels, rijkelijk versierde kilims en luxeueze marmeren badkamers. De kamers aan de voet van de berg zijn via een labyrint van smalle gangen en stenen draaitrappen verbonden met de suites bovenaan, die een duizelingwekkend uitzicht bieden over het stadje Ürgüp en de tufsteenkegels die zo typisch zijn voor de streek. In het negentiende-eeuwse Griekse herenhuis naast de berg vind je de receptie, een goed uitgeruste muziekkamer, een computerkamer, een dvd-kamer en een vergaderzaal.

YUNAK EVLERI - YUNAK MAHALLESI 50400, URGUP, CAPPADOCIA, TURKEY - +90 384 341 6920 - WWW.YUNAK.COM - YUNAK@YUNAK.COM

Cave-dwellings were already in use in Cappadocia in prehistoric times. So by now some of the rock faces and cones look as if attacked by woodworm.

La Cappadoce abrite des grottes depuis la préhistoire et certains cônes et parois rocheuses évoquent du gruyère.

Cappadocië herbergt al grotwoningen sinds de prehistorie. Vandaag de dag zien sommige rotswanden en kegels er dan ook uit als een gatenkaas.

TREETOP HOTEL BRASIL

Me Tarzan, you Jane

Eight towers containing a total of 265 flats, suites and Tarzan Houses, two observation towers, two swimming pools, two restaurants, a panoramic auditorium, a bar and a cybercafé, all up there in the crowns of the trees and linked together by eight kilometres of catwalk. This is the Ariaú Amazon Towers Hotel, the world's largest treetop resort. It was built in 1987 at the confluence of the Rio Negro and Ariau Creek in the middle of the Amazon rainforest, and can only be reached by helicopter or boat. By way of entertainment, you can tear around on a canopy cart, go on walks through the rainforest, go canoeing, fish for piranhas, get to know the local people, swim with the native pink dolphins or go looking for alligators. The hotel also has a programme for the rehabilitation and release of wild animals recovered from the black market.

Huit tours comprenant 265 appartements, suites et maisons de Tarzan, deux observatoires, deux piscines, deux restaurants, un auditoire panoramique, un bar et un cybercafé, ont été assemblés pièce par pièce à hauteur d'arbre et reliés entre eux par huit kilomètres de passerelle. Nous nous trouvons au Ariaú Amazon Towers Hotel, le plus grand complexe hôtelier érigé dans les arbres. Bâti en 1987, à la croisée du Rio Negro et d'Ariau Creek, en pleine forêt amazonienne, cet hôtel n'est accessible qu'au moyen d'un bateau ou d'un hélicoptère. Pour se distraire vous pouvez faire un tour en canopy cart, vous promener dans la forêt tropicale, faire du canoë, pêcher des piranhas, rencontrer la population locale, nager avec les dauphins roses du coin ou partir à la recherche d'alligators. L'hôtel propose également un programme de réhabilitation et remise en liberté d'animaux sauvages confisqués au marché noir.

Acht torens met in totaal 265 appartementen, suites en Tarzan Houses, twee observatietorens, twee zwembaden, twee restaurants, een panoramisch auditorium, een bar en een cybercafé, stuk voor stuk op boomtophoogte en met elkaar verbonden door een acht kilometer lange catwalk. Dat is het Ariaú Amazon Towers Hotel, 's werelds grootste boomtopresort. Gebouwd in 1987 op de kruising van de Rio Negro en Ariau Creek, middenin het Amazoneregenwoud, is dit hotel enkel bereikbaar per helikopter of boot. Bij wijze van vertier kan je rondscheuren met een canopy cart, wandelingen maken door het regenwoud, kanoën, vissen op piranha's, kennismaken met de lokale bevolking, zwemmen met de lokale roze dolfijnen of op zoek gaan naar alligators. Het hotel heeft bovendien een programma voor de heropvoeding en vrijlating van op de zwarte markt onderschepte wilde dieren.

ARIAÚ AMAZON TOWERS HOTEL - RUA LEONARDO MALCHER 699, MANAUS, BRASIL - +55 92 2121 5000 - WWW.ARIAUTOWERS.COM - RESERVA@ARIAUTOWERS.COM.BR

This architectural marvel gives you the opportunity to study the flora and fauna from up close without upsetting the eco-system.

Cette architecture d'altitude vous permet d'approcher de près la faune et la flore sans perturber l'écosystème.

Dit architecturale hoogstandje geeft je de kans van nabij kennis te maken met de fauna en flora zonder het ecosysteem te verstoren.

GLASS IGLOO VILLAGE FINLAND

Aurora Borealis, anyone?

The Igloo Village Kakslauttanen lies two hundred and fifty kilometres north of the Arctic Circle, and is surrounded by the fabulous Lapp landscape. The twenty glass igloos that house the guests are perfect for watching the Northern Lights, the Finnish sky or – even more fun – the occasional snowstorm. The thermopane glass not only makes sure an agreeable temperature can be maintained indoors, but also prevents the view being impeded by frost-work. The igloos themselves contain luxury beds and a toilet, the world's largest sauna is very close at hand, and it is said that an early-morning dip in a hole in the ice is extremely refreshing. There's no lack of other activities: you can look for gold, make an ice-sculpture, visit a reindeer farm, go Nordic walking and lots more.

L'Igloo Village Kakslauttanen se situe à 250 kilomètres au nord du cercle polaire, entouré du légendaire paysage lapon. Les vingt igloos de verre qui vous sont proposés ici, sont idéaux pour apprécier la lumière du nord, le ciel étoilé finnois ou – encore plus amusant – la tempête de neige occasionnelle. Le double vitrage permet de maintenir une température agréable à l'intérieur et de préserver la vue en empêchant la formation de cristaux. Dans l'igloo même se trouvent un lit de luxe et des toilettes. Le plus grand sauna du monde se trouve à proximité et un plongeon matinal dans la rivière, après avoir percé un trou dans la glace, est des plus rafraîchissants. Il ne manque pas d'activités ici : vous pouvez chercher de l'or, sculpter la glace, visiter une ferme de rennes, vous adonner à la marche nordique et bien d'autres choses encore.

Tweehonderdvijftig kilometer ten noorden van de noordpoolcirkel, omringd door het fabelachtige Lapse landschap, ligt Igloo Village Kakslauttanen. De twintig glazen iglo's die hier tot je beschikking staan, zijn ideaal voor het waarnemen van het noorderlicht, de Finse sterrenhemel of – nog leuker! – de occasionele sneeuwstorm. Het thermopane glas zorgt er niet alleen voor dat er binnen een aangename kamertemperatuur aangehouden kan worden, het verhindert ook dat het zicht vertroebeld zou worden door ijsbloemen. Luxebedden en een toilet vind je in de iglo zelf, 's werelds grootste sauna is vlakbij, en een ochtendlijke duik in een gat in het ijs van de rivier is naar verluidt erg verfrissend. Aan activiteiten verder geen gebrek: je kan hier goud zoeken, een ijssculptuur maken, een rendierboerderij bezoeken, aan Nordic walking doen en nog veel meer.

HOTEL & IGLOO VILLAGE KAKSLAUTTANEN - FI-99830 SAARISELKÄ, LAPLAND, FINLAND +358 16 667 100 - WWW.KAKSLAUTTANEN.FI - HOTEL@KAKSLAUTTANEN.FI

In addition to glass igloos there are also proper igloos, a kota, log cabins, an ice gallery, four restaurants, a snow chapel and meeting rooms.

A côté des igloos de verre se trouvent des igloos de glace, la « Kota », des chalets de bois, une galerie de glace, quatre restaurants, une chapelle de glace et des espaces de réunion.

Naast glazen iglo's vind je hier ook gewone iglo's, een kota, blokhutten, een ijsgalerie, vier restaurants, een sneeuwkapel en vergaderruimtes.

ARC

HITECTURE

HARBOUR CRANE B&B

THE NETHERLANDS

An Engine Room with a View

Swaying in the wind on tall, slender legs, this authentic specimen of the industrial heritage looks out over both the Waddenzee and the harbour, as well as the historical centre of Harlingen. Here, fifteen metres above sea level, the view is for the taking: the guests can operate the crane themselves to make it turn and in many cases thereby fulfil a childhood dream. The living space is just large enough for two and, in addition to an extremely tight interior and a fantastic terrace, also has a couple of high-tech gadgets, such as a DVD player with LCD screen, a two-person shower with five-colour lighting, a tap with boiling water, air conditioning and operation of all the amenities by means of a touchscreen. If you liked the Harbour Crane, you can also book a lifeboat or a lighthouse from Dromen op Zee (see p. 118).

Haut perché sur ses pattes, bercé au gré du vent, cet authentique témoignage industriel offre une vue sur la mer des Wadden (« Waddenzee ») et le port que le centre historique de Harlingen. A quinze mètres d'altitude, la vue est grisante: les hôtes peuvent piloter la grue eux-mêmes, ce qui signifie, pour beaucoup, la concrétisation d'un rêve. L'espace de séjour est juste suffisant pour deux personnes et comprend – hormis une fantastique terrasse et un intérieur ultra réduit – quelques gadgets technologiques comme un lecteur dvd avec écran à cristaux liquides, une douche pour deux personnes dont l'éclairage change de couleur, un jet d'eau bouillante, l'air conditionné et un écran plat qui permet de commander tout. Si la grue du port vous séduit, vous pouvez aussi visiter un canot de sauvetage et un phare grâce à « Dromen op Zee » (voir p. 118).

Op hoge, slanke benen, wiegend in de wind, kijkt dit authentiek stukje industrieel erfgoed zowel uit over de Waddenzee en de haven als over het historisch centrum van Harlingen. Vijftien meter boven de waterspiegel ligt het uitzicht dan ook voor het grijpen: de gasten kunnen de havenkraan zelf om haar as draaien en dat blijkt voor velen de vervulling van een kinderdroom. De woonruimte is net groot genoeg voor twee en omvat – naast een ultrastrak interieur én een fantastisch terras – ook een paar hoogtechnologische snufjes, zoals een dvd-speler met lcd-scherm, een tweepersoonsdouche met vijfkleurenverlichting, een kokend-water-kraan, airco en bediening van alle voorzieningen door middel van touch screen. Is de Havenkraan je bevallen, dan kan je via Dromen op Zee ook nog een reddingsboot en een vuurtoren (zie p. 118) boeken.

DE HAVENKRAAN VAN HARLINGEN - DOKKADE 5, HARLINGEN, THE NETHERLANDS - +31 517 414410 - WWW.HAVENKRAAN.NL - INFO@DROMENAANZEE.NL

Every morning the baker sends a delicious breakfast up in a lift (right).

Le boulanger vous envoie un délicieux petit déjeuner par l'ascenseur (à droite).

Via de lift (rechts) stuurt de bakker 's morgens een heerlijk ontbijt naar boven.

PRISON HOSTEL SLOVENIA

Jailhouse nap

This artistic youth hostel in the centre of Ljubljana, very appropriately called Celica (cell), opened in a former military prison in 2003. More than 80 artists were involved in its renovation and the result is staggering: this formerly depressing building was transformed into a colourful meeting place and each of the twenty cells was tackled in an individual way. There is no age limit in this youth hostel, but it is worth knowing that Celica is located in Metelkova City, a squatted army barracks that houses one of the largest centres of alternative culture in Europe. This 8000 sq. m. site is home to studios and stages for artists, theatremakers, musicians and filmmakers, as well as dozens of nightclubs and bars. So there's no escaping the noise!

Cette auberge de jeunesse, au centre de Ljubljana, a été nommée fort à propos Celica (qui signifie cellule). Il s'agit d'une ancienne prison militaire reconvertie, en 2003, grâce à la contribution de plus de 80 artistes. Le résultat est bluffant: ce lieu sinistre a fait place à un lieu de réunion multicolore et les 20 cellules ont chacune reçu un aménagement singulier. L'auberge de jeunesse n'impose aucune limite d'âge mais il est bon de savoir que Celica se situe à Metelkova City, une caserne squattée qui héberge l'un des plus grand centre de culture alternative d'Europe. Les 8.000 m² de terrain sont occupés par des ateliers et plateformes pour artistes, gens du théâtre, musiciens et cinéastes, ainsi que plusieurs bars et boîtes de nuit. Le tapage nocturne est compris dans le prix!

Deze artistieke jeugdherberg in het hart van Ljubljana, zeer toepasselijk Celica (de cel) genaamd, opende in 2003 zijn deuren in een voormalige militaire gevangenis. Meer dan 80 kunstenaars waren betrokken bij de renovatie en het resultaat is verbluffend: het deprimerende gebouw werd getransformeerd in een kleurrijke ontmoetingsplaats en de twintig cellen kregen stuk voor stuk een unieke invulling. De jeugdherberg hanteert geen leeftijdslimiet, maar misschien is het wel goed om weten dat Celica zich bevindt in Metelkova City, een gekraakte legerkazerne die een van de grootste centra voor alternatieve cultuur in Europa huisvest. Het 8.000 m² grote terrein omvat ateliers en podia voor kunstenaars, theatermakers, muzikanten en filmers, naast ettelijke nachtclubs en bars. Geluidsoverlast is dus iets dat je erbij moet durven nemen!

HOSTEL CELICA - Metelkova Ulica 8, SI-1000 Ljubljana, Slovenia - +386 1 430 18 90 - www.souhostel.si - recepcija@souhostel.si

One of the cells contains six recesses with devotional objects from the five major religions and an empty one for visitors of other faiths.

*Une des cellules comprend six niches présentant chacune des objets religieux des cinq plus grands cultes. Une niche est laissée vide,
à disposition des visiteurs ayant d'autres croyances.*

Een van de cellen bevat zes nissen met geloofsvoorwerpen van de vijf grootste religies en een leeg nis voor bezoekers van een ander geloof.

ARENA HOTEL MEXICO

Bullring brunching

This 1866 arena – which in times long past was used as the setting for bullfights – has been used as a hotel since 1989. When it was renovated, its original character and unique structure were meticulously preserved, so now the rooms and restaurant look out on what has now become a huge circular patio. With its clinker flooring and mass of Mediterranean flowers it is the ideal spot for festive occasions. If intimacy is more your thing, you will be happier in the vaulted cellars of the Botarel Bar, where the bulls slept in the past. The Mexican town of Zacatecas is built in a deep ravine and is renowned for its silver mines and superb colonial era centre, which is on the UNESCO World Heritage list.

Cette arène datée de 1866 fut, en son temps, le théâtre de combats de taureaux. Transformé en hôtel en 1989, le bâtiment a conservé son caractère original, de telle manière que les chambres et le restaurant ont vue sur ce qui est aujourd'hui, un immense patio circulaire. Le revêtement pavé et la profusion de fleurs du sud en font un lieu idéal pour organiser des festivités. Pour plus d'intimité, rendez-vous dans les caves voûtées du bar Botarel, l'endroit où dormaient jadis les taureaux. Bâtie au fond d'un ravin, La Zacatecas est une région du Mexique réputée pour sa mine d'argent et son splendide centre-ville, datant des colonies et repris au patrimoine mondial de l'UNESCO.

Deze arena uit 1866 – die in vervlogen tijden gebruikt werd als schouwtoneel voor stierengevechten – doet sinds 1989 dienst als hotel. Het originele karakter en de unieke structuur van het gebouw werden tijdens de renovatie zorgvuldig bewaard, zodat de hotelkamers en het restaurant uitkijken op wat nu een immens grote, ronde patio geworden is. Met zijn beklinkerde vloer en zuiderse bloemenpracht is dit de gedroomde locatie voor feestelijkheden. Ben je meer gesteld op intimiteit, dan kan je terecht in de gewelvenkelders van de Botarel Bar, de plek waar vroeger de stieren sliepen. Het Mexicaanse Zacatecas is gebouwd in een diep ravijn, en staat bekend om zijn zilvermijnen en zijn prachtige stadscentrum uit de koloniale tijd, dat opgenomen is op de werelderfgoedlijst van de UNESCO.

QUINTA REAL ZACATECAS - AV. RAYON 434, COL. CENTRO ZACATECAS, ZAC, MEXICO - +52 322 221 2277 - WWW.MEXICOBOUTIQUEHOTELS.COM/QRZACATECAS

The original aqueduct alongside the arena has also been preserved.

L'aqueduc courant le long de l'arène a également été préservé.

Ook het originele aquaduct langsheen de arena werd behouden.

B&B BEAGLE ^{USA}

In the doghouse

Why not make the acquaintance of Sweet Willy, the world's largest (and probably only) bed & breakfast dog. He and his slightly smaller companion Toby are the brainchild of the chainsaw artists Dennis Sullivan and Frances Conklin. To lure more visitors to their studio in rural Idaho, in 1997 they decided to create a typical American roadside attraction. Six years later the ten metre tall B&B Beagle was officially opened. Guests enter the dog over a spacious terrace. In the dog's belly is a double bed, a bathroom and a small cooking area, while the head is a loft space with two double futon mattresses and the snout is an agreeable reading area. While staying there, you are free to poke around in the studio, book a jetboat trip in America's deepest canyon, visit the Wolf Center or go horseriding.

Voici Sweet Willy, le plus grand (et surtout le seul) chien-hébergement du monde. Lui et son pote Toby sont les enfants spirituels des artistes à la tronçonneuse Dennis Sullivan et Frances Conklin. Leur idée était d'attirer plus de visiteurs vers leur atelier de l'Idaho. C'est ainsi qu'ils décidèrent, en 1997, de créer une attraction routière typique des Américains. Six ans plus tard, le Beagle de dix mètres de haut a été officiellement installé. Les hôtes peuvent rejoindre l'intérieur du chien par une vaste terrasse. Dans les entrailles du chien se trouve un lit double, une salle de bains et une petite cuisine. Sa tête est un espace loft garni de deux matelas futon tandis que le museau fait office d'un confortable coin lecture. Il vous est loisible de fouiner dans l'atelier, d'effectuer un tour en jet boat dans la faille la plus profonde d'Amérique, de visiter le centre des loups ou d'entreprendre une randonnée à cheval.

Maak kennis met Sweet Willy, 's werelds grootste (en vooral enige) Bed & Breakfast-hond. Hij en zijn iets kleinere maatje Toby zijn de geesteskinderen van ketting-zaagkunstenaars Dennis Sullivan en Frances Conklin. Om wat meer bezoekers naar hun atelier in het landelijke Idaho te lokken, besloten zij in '97 om een typisch Amerikaanse 'roadside attraction' te creëren. Zes jaar later werd de tien meter hoge B&B beagle officieel ingehuldigd. Gasten kunnen de hond betreden vanaf een ruim terras. In de buik van de hond vind je een dubbel bed, een badkamer en een klein kookplekje, het hoofd is een loftruimte met twee dubbele futonmatrassen en de muil vormt een gezellige leeshoek. Ter plekke kan je het atelier doorsnuisteren, een jetboat-trip boeken doorheen Amerika's diepste kloof, het Wolvencentrum bezoeken of een ritje te paard maken.

The dog theme is everywhere, from the hand-carved figures on the bed to the dog-shaped biscuits on your pillow.

Ici, la thématique du chien est déclinée partout : des figurines sculptées à la main ornant la tête de lit jusqu'aux biscuits déposés sur votre oreiller.

Het hondenthema wordt overal doorgetrokken, van de handgekerfde hondenfiguurtjes op het bed tot de koekjes in hondenvorm op je hoofdkussen.

DOG BARK PARK INN B&B - 2421 BUSINESS HIGHWAY 95 AT THE DOG, COTTONWOOD, IDAHO 83522, USA - +1 208 962-3647 - WWW.DOGBARKPARKINN.COM - DOGBARK@CAMASNET.COM

TRULLO RENTAL ITALY

Trullo territory

This charming trulli complex lies in the heart of the Itria Valley, in the midst of a nine acre orchard and olive grove. A trullo is a limestone building with a conical roof built without cement, and which is only to be found in the Puglia region of Italy. One popular theory of their genesis is that the high taxes on houses in the 16th century prompted the farmers to create 'dry' constructions that were easy to demolish when tax inspectors were on their way. Elma was originally a mill and is noticeably larger than the average trullo. The complex comprises thirteen trulli – each a separate room – and contains four bedrooms, three bathrooms, a dining room, a kitchen and two living rooms around a central fireplace. Outside there is a swimming pool, a stone oven and a paved terrace. Apuliabella has several marvellous trulli to let in this area.

Ces trulli se situent au coeur de la vallée de l'Itria, au milieu de quatre hectares de vergers et d'oliviers. Un trullo est une bâtisse de pierre calcaire au toit de forme conique assemblé sans mortier qu'on ne retrouve que dans la région des Pouilles. Une légende populaire veut qu'au 16e siècle, la lourdeur de l'impôt sur l'habitat poussa les fermiers à créer des constructions sèches, facilement démontables avant l'arrivée du percepteur. A l'origine Elma était un moulin. Il offre plus d'espace que le trullo traditionnel. Cet ensemble, formé de treize trulli – et autant de pièces – , comprend quatre chambres à coucher, trois salles de bain, une salle à manger, une cuisine et deux salons avec feu ouvert. A l'extérieur, on dispose d'une piscine, d'un four de pierre, et d'une terrasse aménagée. Apuliabella loue plusieurs trulli, tous magnifiques, dans la région.

In het hart van de Itriavallei, middenin een vier hectare grote fruit- en olijvengaard, ligt dit charmante trullicomplex. Een trullo is een kalkstenen gebouw met een kegelvormig dak dat opgetrokken werd zonder cement en enkel voorkomt in de Italiaanse regio Puglia. Een populaire ontstaanstheorie zegt dat de hoge huizenbelasting in de 16e eeuw de boeren aanzette tot het creëren van 'droge' bouwwerken die makkelijk te slopen waren bij de komst van belastinginspecteurs. Elma was oorspronkelijk een molen en is aanmerkelijk groter dan de doorsnee trullo. Het complex bestaat uit dertien trulli -telkens een aparte kamer- en omvat vier slaapkamers, drie badkamers, een eetkamer, een keuken en twee woonkamers met haard. Buiten vind je een zwembad, een stenen oven en een aangelegd terras. Apuliabella verhuurt verscheidene prachtige trulli in deze omgeving.

TRULLI ELMA / TERRA ROSSA - SP3BIS, AL KM 37 XIII, CONTRADA TARTURIELLO, FRA MARTINA FRANCA E CEGLIE MESSAPICA, BRINDISI, ITALY - WWW.APULIABELLA.COM - HOLS@APULIABELLA.COM

The sloping kitchen floor shows that this room was used for pressing grapes. The juice ran into an underground reservoir.

Le sol incurvée et patiné de la cuisine témoigne de l'utilisation des lieux pour le pressage des raisins. Le jus s'écoulait vers le sous-sol.

De schuin aflopende keukenvloer verraadt dat de ruimte gebruikt werd voor het persen van druiven. Het sap vloeide naar een ondergrondse ruimte.

SCHOOL HOTEL USA

Fall asleep in class

When the Kennedy School had to close down because of the lack of pupils, the whole neighbourhood spontaneously started devoting itself to the preservation of the building. Mike and Brian McMenamin, brothers and owners of a whole chain of pubs and breweries, came up with by far the most original proposal: to make it into a hotel with a pub attached. So since 1997 McMenamins Kennedy School has housed 35 guestrooms (including the original blackboards and decorations!), a unique restaurant, several cosy bars, a small cinema, a paddling pool and a real brewery. The main aim of the conversion was to create atmosphere, and this is plain to see: hundreds of works of art and old photos adorn the walls, ceilings and doorways. This might well be a school where you would not mind being kept after class.

Lorsque l'école Kennedy fut amenée à fermer ses portes en raison d'un nombre décroissant d'élèves inscrits, tout le voisinage se mobilisa afin de préserver le bâtiment. Mike et Brian McMenamin, frères et propriétaires de toute une série de pubs et brasseries, vinrent de loin avec une proposition des plus originales: transformer l'école en un hôtel que jouxterait un pub. Depuis 1997 McMenamins Kennedy School propose 35 chambres (comprenant les tableaux noirs et la déco d'origine!), un restaurant unique, plusieurs bars sympathiques, une salle de cinéma, une pataugeoire et une authentique brasserie. Durant les transformations, des centaines d'oeuvres d'art et de photos d'archive ont enjolivé les murs, les plafonds et l'embrasure des portes. Ceci pourrait bien être l'école où vous ne trouveriez pas grave d'être retenu...

Toen de Kennedy School wegens dalende leerlingenaantallen zijn deuren moest sluiten, begon de hele buurt spontaan te ijveren voor behoud van het gebouw. Mike en Brian McMenamin, broers en eigenaars van een hele reeks pubs en brouwerijen, kwamen veruit met het meest originele voorstel op de proppen: er een hotel annex pub van maken. Sinds 1997 huisvest McMenamins Kennedy School dan ook 35 gastenkamers (inclusief originele schoolborden en decoraties!), een uniek restaurant, meerdere gezellige bars, een filmzaal, een plonsbad en een heuse brouwerij. Sfeer stond voorop tijdens de verbouwing, en dat is eraan te zien: werkelijk honderden kunstwerken en historische foto's verfraaien de muren, plafonds en deuropeningen. Dit zou best wel eens een school kunnen zijn waar je het niet erg vindt om na te moeten blijven...

MCMENAMINS KENNEDY SCHOOL - 5736 N.E. 33RD AVENUE, PORTLAND, OREGON 97211 ,USA - +1 888 249 3983 - WWW.MCMENAMINS.COM - INFO.KS@KENNEDYSCHOOL.COM

The bars have been given suitable names: do you prefer the detention bar or the honors bar?

Les bars ont reçu des noms évocateurs: choisirez-vous le bar des punitions ou celui des distinctions ?

De bars kregen toepasselijke namen: verkies je de strafstudiebar of de onderscheidingbar?

WINE BARREL HOTEL
THE NETHERLANDS

Do the Diogenes

Stavoren was once the largest and richest town in Friesland and is now a stylish tourist attraction, as well as being home to the De Vrouwe van Stavoren hotel and restaurant. What looks like a quite ordinary hotel, though in a particularly fine spot with a view of the lively marina, turns out to have some very unusual rooms. Four original Swiss wine barrels with a capacity of 15,000 litres have here been put to use as comfortable and atmospheric hotel rooms. Each 'hotel vat' is just big enough for two single beds and bedside cabinets, and has a small sitting room with a TV, radio, telephone, shower and toilet. The Greek philosopher Diogenes had already proved that it was possible to live in a barrel, and this is where you can imitate him.

Stavoren, jadis la ville la plus riche et la plus grande de la Frise et aujourd'hui lieu de villégiature recherché, est le port d'attache de l'hôtel-restaurant De Vrouwe van Stavoren. Ce qui, de l'extérieur, ressemble à un hôtel des plus ordinaires, situé il est vrai dans un endroit admirable avec vue sur un port de plaisance, abrite en réalité des chambres pour le moins originales. Quatre tonneaux suisses d'une contenance de 15.000 litres chacun font office de chambres très accommodantes. Chaque barrique est juste assez spacieuse pour contenir un lit double et des tables de chevets. Elle comprend un petit coin télé pourvu d'une radio et d'un téléphone, un coin douche et une toilette. Le philosophe grec Diogène l'avait déjà prouvé, on peut vivre dans un tonneau. Ici vous pouvez l'imiter.

Stavoren, ooit de grootste en rijkste stad van Friesland en nu een toeristische trekpleister van allure, is de thuishaven van hotel-restaurant De Vrouwe van Stavoren. Wat eruit ziet als een doodgewoon hotel op een weliswaar bijzonder fraaie locatie met uitzicht op de levendige jachthaven, blijkt binnenin enkele wel zeer ongewone kamers te herbergen. Vier originele Zwitserse wijnvaten van 15.000 liter elk doen hier immers dienst als gerieflijke, sfeervolle hotelkamers. Elk 'hotelvat' is net ruim genoeg voor twee eenpersoonsbedden en -nachtkastjes, en is voorzien van een zitkamertje met tv, radio, telefoon, douche en toilet. De Griekse wijsgeer Diogenes bewees al dat het kon: wonen in een ton. Hier kan je het 'm nadoen.

The name of the hotel refers to an old saga about a rich merchant's widow who found a ring, which had been thrown into the sea, inside a haddock.

Le nom de l'hôtel est tiré d'une vieille légende selon laquelle la femme d'un riche commerçant a retrouvé une bague jetée à la mer dans les entrailles d'un aiglefin.

De naam van het hotel slaat op een oude sage over een rijke koopmansweduwe die een in zee geworpen ring terugvindt in een schelvis.

DE VROUWE VAN STAVOREN - HAVENWEG 1, 8715 EM STAVOREN, THE NETHERLANDS - +31 514 681202 - WWW.HOTEL-VROUWEVANSTAVOREN.NL

GHOST TOWN USA

Once upon a time in Colorado

This perfectly restored Wild West ghost town, between two National Parks in the Colorado Rocky Mountains, is packed with contrasts: exquisitely furnished log cabins built with hand-hewn beams, delectable dishes served in an age-old saloon, sensual hot water springs hidden beneath a glistening carpet of snow, and much more. The village comprises eleven luxurious log cabins and a teepee, five hot water springs, a saloon, an open-air wedding chapel (right next to a waterfall!), a library, a bath house, a yoga studio and a gym. Those who come for a rest can surrender to one of the many forms of pampering available. Adventurers can enrol for horseback trekking, heli-skiing trips, fly fishing sessions, dog sledding trips, boxing lessons and so on.

Cette ville fantôme du Far West, parfaitement restaurée, est située entre deux parcs nationaux des Rocky Mountains au Colorado. Les contradictions ne manquent pas: d'exquises huttes faites de rondins de bois taillés à la main, des repas savoureux servis dans un ancien « saloon », des sources d'eaux chaudes cachées sous un scintillant manteau de neige… Le village est constitué de onze chalets et un tipi, cinq sources d'eau chaudes, un saloon, une chapelle de mariage à ciel ouvert (juste à côté d'une cascade!), une bibliothèque, des bains publics, un studio de yoga et une salle de gym. Qui est en quête de repos trouvera de nombreuses façons de se laisser dorloter. Les aventuriers pourront s'inscrire à une promenade à cheval, des excursions à ski amené par hélicoptère, des sessions de poissons volants, des expéditions en chiens de traîneau, des leçons de boxe, etc.

Dit perfect gerestaureerde Wild West-spookstadje, gelegen tussen twee Nationale Parken in de Colorado Rocky Mountains, is een vat vol tegenstellingen: exquis ingerichte blokhutten gemaakt uit met de hand gehouwen balken, tongstrelende gerechten geserveerd in een eeuwenoude saloon, sensuele warmwaterbronnen die verborgen liggen onder een glinsterend sneeuwtapijt… Het dorp omvat elf luxeuze blokhutten en een tipi, vijf warmwaterbronnen, een saloon, een openlucht trouwkapel (vlak naast een waterval!), een bibliotheek, een badhuis, een yogastudio en een gymzaal. Wie uit is op rust, kan zich overgeven aan een van de vele verwennerijen. Avonturiers kunnen zich inschrijven voor trektochten te paard, helikopterskitochten, vliegvissessies, hondensleetrips, bokslessen, enzovoort.

DUNTON HOT SPRINGS - 52068 WEST FORK ROAD #38, DOLORES, COLORADO, USA 81323 - +1 970 882 4800 - WWW.DUNTONHOTSPRINGS.COM - INFO@DUNTONHOTSPRINGS.COM

The rooms are let out separately, but if you would like to imagine yourself a real sheriff, you can rent the whole village with 33 of your best friends and play cowboy and Indian in style.

Les logements sont loués séparément. Mais qui veut se sentir dans la peau d'un shérif peut s'approprier le village entier avec 33 amis et jouer cow-boy et indien comme il faut.

De verblijven worden apart verhuurd, maar wie zich graag eens écht sheriff waant, kan met 33 vrienden het hele dorp inpalmen voor een deftig spelletje cowboy-en-indiaan.

Each cabin is an authentic, nineteenth century log building. No two are alike, but all are furnished with luxury amenities, and reveal splendid views.

Chaque logement est une authentique cabane du 19e siècle. Aucune n est pareille mais toutes sont luxueusement équipées et offrent de magnifiques panoramas.

Elk gastenverblijf is een authentieke negentiende-eeuwse blokhut. Geen twee zijn dezelfde, maar alle beschikken ze over luxueuze voorzieningen en bieden ze schitterende vergezichten.

TOWER SUITES THE NETHERLANDS

Stars in Heaven

The Euromast, the tallest tower in the Netherlands and the symbol of Rotterdam, commonly known as 'De Paal', had stood empty collecting dust for decades when it was decided to restyle it in 2004. After intensive conversion work, the tower now not only has a new restaurant, but also two design suites by the interior designer Jan des Bouvrie and the stylist Stef Bakker. Heaven and Stars are both above De Brasserie, 100 metres above the ground. They contain a double bed, a lounge area, a minibar, wireless internet connection, air conditioning and TV with DVD. Suite Stars has a bathroom with jacuzzi, Heaven contains a shower. Guests receive a festive bottle of champagne and can call on room service. What's more, the biggest and highest balcony in the Netherlands, which during the day is packed with visitors, is reserved exclusively for the guests from 10 pm to 10 am.

L'Euromast, la plus haute tour des Pays-Bas et le symbole de Rotterdam, prenait la poussière depuis des décennies lorsqu'on décida en 2004 de restyler le « Pilier ». Au terme d'une rénovation intense, la tour s'est non seulement retrouvée pourvue d'un restaurant nouveau mais aussi de deux suites design, dessinées par l'architecte Jan des Bouvrie et le décorateur, Stef Bakker. Heaven et Stars se trouvent au-dessus de « De Brasserie », à 100 mètres de haut. Ces suites disposent d'un lit double, d'un lounge, d'un minibar, d'une connexion à internet sans fil, d'air conditionné, et d'une télévision avec lecteur dvd. Suite Stars a une salle de bains avec jacuzzi, Heaven a une douche. Les clients se voient offrir une bouteille de champagne et disposent d'un room service. En outre, le plus grand et le plus haut balcon des Pays-Bas, pris d'assaut par la foule durant le jour, est réservé de 22 heures à 10 heures à l'usage exclusif des habitants de la tour.

De Euromast, de hoogste toren van Nederland en hét symbool van Rotterdam, stond al decennialang te bestoffen toen men in 2004 besloot om 'De Paal' te restylen. Een intensieve verbouwing later, beschikt de toren niet enkel over een nieuwe brasserie, maar ook over twee designsuites van de hand van interieurarchitect Jan des Bouvrie en stylist Stef Bakker. Heaven en Stars liggen boven De Brasserie, op ruim 100 meter hoogte. Ze beschikken over een tweepersoonsbed, een loungehoek, een minibar, draadloze internetaansluiting, airco en tv met dvd. Suite Stars heeft een badkamer met jacuzzi, Heaven beschikt over een hemeldouche. Logees krijgen een feestelijke fles champagne en kunnen gebruik maken van room service. Bovendien is het grootste en hoogste balkon van Nederland, dat overdag door dagjesmensen overrompeld wordt, tussen 10 uur 's avonds en 10 uur 's ochtends, exclusief voorbehouden aan de gasten.

EUROMAST SUITES STARS & HEAVEN - EUROMAST, PARKHAVEN 20, 3016 GM ROTTERDAM, THE NETHERLANDS - +31 10 436 48 11 - WWW.EUROMAST.NL - INFO@EUROMAST.NL

The charm of this sixties building is expressed in the whistling of the wind, the swaying of the tower and the formation of frost-work on the single-glazing.

Le charme de ce bâtiment des années soixante ressort particulièrement avec le sifflement du vent, l'oscillation des tours et la formation de givre sur le simple vitrage.

De charme van het sixtiesgebouw komt tot uitdrukking in het zingen van de wind, het wiegen van de toren en de vorming van ijsbloemen op het enkele glas.

HOBBIT MOTEL ^{NEW ZEALAND}

Welcome to Middle Earth

Anyone who is mad about Tolkien's Lord of the Rings trilogy or Peter Jackson's recent film version can indulge themselves in New Zealand. After all, you can visit not only the original 'Shire' from the film, but also spend a night in a real Hobbit house. Waitomo's Hobbit Motel was dug out of a hill and has round doors and windows, appropriate furniture and a grass roof with grazing sheep. The motel is divided into two units, each with a kitchen, shower, toilet, bedroom and living room, and each suitable for two to six people. If you are not keen on life underground, you can also try out the Plane Motel (see p. 128), Train Motel and Boat Motel in the Waitomo Woodlyn Park.

Les fans de la trilogie de Tolkien Le Seigneur des Anneaux ou sa version filmée par Peter Jackson, s'en donnent à cœur joie, en Nouvelle-Zélande. Ici vous pouvez non seulement visiter le « Shire » du film, mais passer la nuit dans une maison hobbit. Waitomo's Hobbit Motel a été creusée dans une colline. Portes et fenêtres sont rondes, les meubles sont appropriés et sur la pelouse du toit paissent des moutons. Le motel est divisé en deux parties qui disposent chacune d'une cuisine, une douche, une toilette, chambre à coucher convenant pour deux à six personnes. Si la vie souterraine n'est pas pour vous, reportez-vous au Plane Motel (voir p. 128), Train Motel ou Boat Motel du Waitomo Woodlyn Park.

Wie dol is op Tolkiens' trilogie The Lord of the Rings of Peter Jacksons recente verfilming ervan, kan zijn hart ophalen in Nieuw-Zeeland. Hier kan je immers niet enkel de originele 'Shire' uit de film bezoeken, maar ook een nacht doorbrengen in een heus hobbithuis. Waitomo's Hobbit Motel werd uitgegraven in een heuvel en heeft ronde ramen en deuren, aangepaste meubels en een grasdak met grazende schapen erop. Het motel is verdeeld in twee eenheden die elk een keuken, douche, toilet, slaapkamer en woonkamer bevatten en die geschikt zijn voor twee tot zes mensen. Bevalt het ondergrondse leven je niet, dan kan je in Waitomo Woodlyn Park ook nog een Plane Motel (zie p. 128), Train Motel en Boat Motel uittesten.

As the Hobbit Motel was built entirely in polystyrene blocks, the rooms are warm in the winter and cool in the summer.

Le Hobbit Motel étant entièrement constitué de blocs de polystyrène, les chambres sont chaudes en été et froides en hiver.

Aangezien het Hobbit Motel volledig opgetrokken werd uit polystyreenblokken, zijn de kamers warm in de winter en koel in de zomer.

WAITOMO WORLD UNIQUE MOTELS - 1177 WAITOMO VALLEY ROAD, OTOROHANGA, NEW-ZEALAND - +64 7 878 6666 - WWW.WOODLYNPARK.CO.NZ - BILLY@WOODLYNPARK.CO.NZ

WIND MILL RENTAL GREECE

The Mill of dreams

These two charming and typically Greek windmills are on a 4000 sq. m. organic estate on the magical island of Santorini. One of them is used by its owners in the summer, and the other is available to rent. The ground floor, with its view over the vineyards, the sea and the swimming pool, contains a kitchen and living and dining rooms. A spiral staircase leads to the first and second floors, each with its bedroom and bathroom. From here you can see the sun rise over the sea (leave the shutters open!) or enjoy the unsurpassed view over the Aegean and the islands of Ios, Naxos, Amorgos and Anafi. If the minimalist architecture of these windmills doesn't win you over immediately, you certainly will love the absolute silence and privacy and the seasonal products from the garden, guaranteed 100% organic.

L'île magique de Santorin, sur un terrain bio de 4000 m², le charme de deux moulins grecs typiques. L'un d'eux est occupé durant les mois d'été par les propriétaires, l'autre est mis en location. Le rez, où se trouve la cuisine, la salle à manger et le séjour, offre une vue panoramique sur les vignes, la mer et la piscine. Un escalier en colimaçon conduit aux deux étages, formant une chambre à coucher et une salle de bain. De ce poste, vous pouvez observer le lever du soleil sur la mer (en n'oubliant pas d'ouvrir les volets!) et profiter de la vue exceptionnelle sur la mer Egée et les îles de Ios, Naxos, Amorgos et Anafi. Si l'architecture minimaliste des moulins à vent ne vous séduit pas immédiatement, le calme absolu, l'intimité et les produits de saison du jardin, garantis 100% bio, s'en chargeront.

Op het magische eiland Santorini, op een biologisch landgoed van 4000 m², staan deze twee charmante, typisch Griekse windmolens. Een ervan wordt in de zomermaanden door de eigenaars gebruikt, de andere wordt verhuurd. De benedenverdieping met het panoramische zicht over de wijngaarden, de zee en het zwembad, bestaat uit een keuken, woon- en eetkamer. Een ronde trap leidt naar de eerste en de tweede verdieping, beide uitgerust met een slaap- en een badkamer. Van hieruit kan je de zon zien opkomen uit de zee (luikjes open laten!) of genieten van het onovertroffen uitzicht over de Aegeïsche Zee en de eilanden Ios, Naxos, Amorgos en Anafi. Als je niet als een blok valt voor de minimalistische architectuur van de windmolen, doe je dat vast wel voor de absolute stilte en privacy of voor de 100% gegarandeerd biologische seizoensproducten uit de tuin.

SANTORINI WINDMILL - Santorini, Greece - Winter +30 210 8976016, summer +30 228 60 25207 - www.windmill.gr - info@windmill.gr

This mill contains all modern conveniences: satellite TV, CD/DVD players, telephone, internet-access, a dishwasher and a hydromassage pool.

Ce moulin comprend toutes les aisances modernes: le satellite télé, système cd/dvd, téléphone, le raccordement d'internet, un lave-vaisselle et une piscine équippé de jets de massage.

Deze molen, bevat alle moderne gemakken: satelliet-tv, cd/dvd-speler, telefoon, internetaansluiting, een afwasmachine en een hydromassagezwembad.

CHURCH HOTEL
THE NETHERLANDS

In the name of design

This monumental fifteenth-century gothic church with its monastery in the centre of Maastricht was transformed at the beginning of this century to make a luxurious five-star hotel where antiquity and modern design are uniquely interwoven. Designs by such giants as Le Corbusier, Rietveld and Starck form striking combinations with the original stained-glass windows and paintings on walls and ceilings. The former nave of the church now houses the reception, the lobby, three lounge areas, a library, a wine bar and a fantastically attractive mezzanine that is used as breakfast area and, through the big windows in what used to be the church's choir, offers a marvellous view of the city. The monastery garden, surrounded by atmospheric cloisters, has also been restored to its former glory.

Cette monumentale église gothique du 15e siècle et son cloître, située en plein centre de Maastricht a été convertie au début du 21e siècle en un hôtel cinq étoiles où le luxe mêle harmonieusement l'ancien et le design. Les objets signés Le Corbusier, Rietveld et Philippe Starck se combinent avec caractère aux vitraux originaux des fenêtres et aux peintures des murs et des plafonds. Dans la nef de l'église se trouve la réception, le lobby, trois coins salon, une bibliothèque, un bar à vin et une mezzanine de toute beauté. C'est là qu'est servi le petit-déjeuner et que grâce aux grandes fenêtres du choeur on profite d'une superbe vue sur la ville. Le jardin, entouré des couloirs du cloître, a retrouvé sa splendeur d'antan.

Deze vijftiende-eeuwse monumentale gotische kerk met klooster in het centrum van Maastricht werd aan het begin van de eeuwwisseling getransformeerd in een bijzonder luxueus vijfsterrenhotel waarin oudheid en design op unieke wijze met elkaar verweven zijn. Zo vormen ontwerpen van de hand van designers als Le Corbusier, Rietveld en Philippe Starck er sterke combinaties met de originele glas-in-loodramen en muur- en plafondschilderingen. Het vroegere schip van de kerk bevat de receptie, de lobby, drie loungecorners, een bibliotheek, een wijnbar en een waanzinnig mooie entresol. Deze doet dienst als ontbijtruimte en biedt dankzij de grote ramen van het voormalige kerkkoor een schitterend uitzicht over de stad. Ook de kloostertuin, die omgeven wordt door sfeervolle kloostergangen, werd in al zijn oude glorie hersteld.

KRUISHERENHOTEL MAASTRICHT - Kruisherengang 19-23, 6211 NW Maastricht, Nederland - +31 43 329 20 20 - www.chateauhotels.nl - info@kruisherenhotel.com

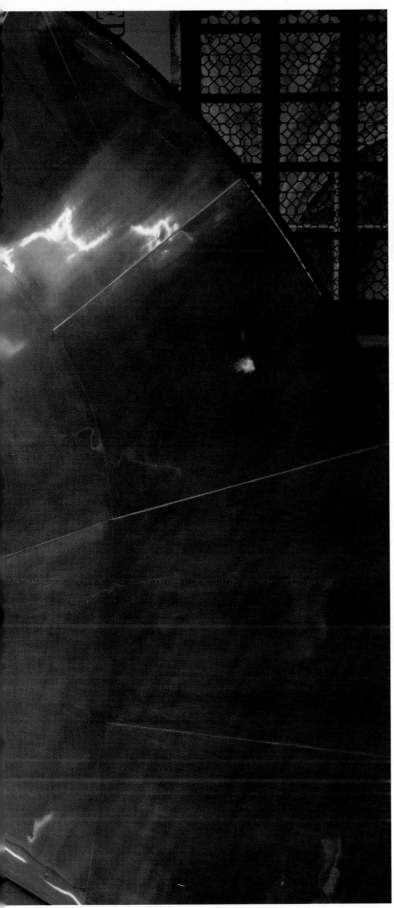

Each of the 60 rooms has its own appeal and is provided with all modern comforts including flatscreen TV, computer connection and air conditioning.

Les 60 chambres ont chacune un éclat particulier. Elles disposent de tous les équipements modernes tels qu'écran plat, connexion informatique et air conditionné.

De 60 kamers hebben elk een andere uitstraling en zijn voorzien van alle moderne gemakken zoals flatscreen tv, computeraansluiting en airco.

The beautiful light objects by German industrial designer and inventor Ingo Mauer give this wondrous combination of old and new a surprising finishing touch.

Les superbes luminaires de l'inventeur et designer industriel alle-mand Ingo Mauer apportent cette merveilleuse combinaison d'ancien et de contemporain, une touche finale saisissante.

De prachtige lichtobjecten van de Duitse industrieel ontwerper en uitvinder Ingo Mauer geven deze wonderlijke combinatie van oud en nieuw een verrassende finishing touch.

LIGHTHOUSE B&B

THE NETHERLANDS

Light my fire

In 1998, after three-quarters of a century of loyal service, the lamp in the lighthouse at Harlingen was finally extinguished. The future of this striking monument hung very briefly in the balance. Until a private individual had the idea of turning it into a unique bed & breakfast. Now, after thorough restoration, the lighthouse provides accommodation for two people all year round. After a number of turns up the stairwell you reach the bathroom floor with its round shower. A curved passage leads to the living room with a custom-made bed, a TV corner and a worktable. The surrounding glass enables you to enjoy the expansive view even from your bed. A steep staircase then takes you up to the lantern where a lamp as big as a Skippy Ball once burned. Here, beneath the original copper dome, you can sit at a table for two or enjoy the matchless view from the outside gallery 24 metres above the ground.

En 1998, après trois-quarts de siècle de service, la lumière du phare de Harlingen s'est éteinte. L'avenir de ce monument marquant est resté incertain jusqu'à ce qu'un particulier eut l'idée de la convertir en bed & breakfast. Entièrement restauré, le phare offre chaque jour un toit à deux pensionnaires. La cage d'escalier vous mène au terme de quelques circonvolutions à la salle d'eau et sa douche circulaire. Un couloir courbe vous amène au séjour, son lit sur-mesure, son coin TV et le bureau. Le vitrage tout autour permet de profiter, de son lit, d'une vue grandiose. Par un escalier raide, on accède à l'endroit où brûlait, dans le passé, une gigantesque ampoule. Sous la coupole de cuivre, il est possible de s'attabler à deux et du bastingage de la galerie extérieure, de profiter de l'extraordinaire panorama, à 24 mètres de hauteur.

Na driekwart eeuw trouwe dienst doofde in 1998 het licht in de vuurtoren van Harlingen. Heel even was de toekomst van het markante monument onzeker. Tot een particulier het idee kreeg er een unieke bed & breakfast van te maken. Volledig gerestaureerd biedt de vuurtoren nu dagelijks onderdak aan twee gasten. Via het trappenhuis bereik je na een aantal omwentelingen de bad-verdieping met ronde douche. Een gebogen gangetje leidt naar de woonkamer met een op maat gemaakt bed, een tv-hoek en een werkblad. Het glas rondom maakt dat je zelfs vanuit bed kan genieten van het weidse uitzicht. Een steile trap brengt je naar de plaats waar ooit een lamp zo groot als een Skippy-bal brandde. Hier, onder de originele koperen koepel, kan je aan-schuiven aan een tafel voor twee of buiten vanaf de omheinde omloop genieten van het onovertroffen uitzicht op 24 meter hoogte.

VUURTOREN VAN HARLINGEN - HAVENWEG 1, HARLINGEN, THE NETHERLANDS - +31 517 414410 - WWW.VUURTOREN-HARLINGEN.NL - INFO@DROMENAANZEE.NL

This lighthouse has become so popular that the waiting list has lengthened to at least a year!

Ce phare rencontre un tel succès que le temps d'attente atteint un an!

Deze vuurtoren is intussen zo populair dat de wachttijd is opgelopen tot ruim een jaar!

SEWER-PIPE HOTEL AUSTRIA

Dreaming in the Drain

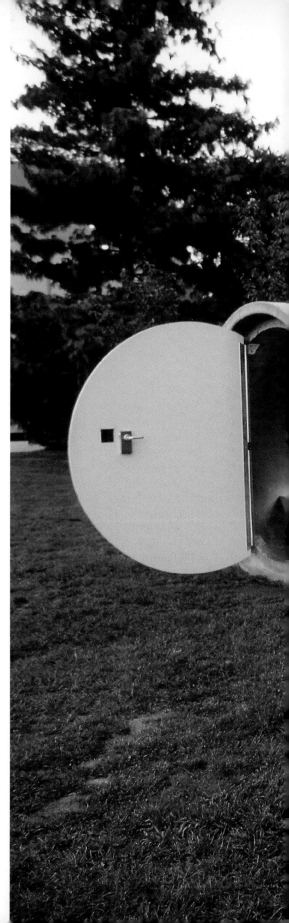

A sewer-pipe may not be on your list of dream destinations, but these specimens on the banks of the Danube are certainly unique. Despite their concrete exterior, these three accommodation units by the artist Andreas Strauss are astonishingly well-equipped: they have electricity, an internet connection, a double bed, cotton sleeping bags and a woollen blanket. And the other amenities such as the toilet, showers, minibar and café are in the surrounding park. After booking online you are sent a personal code that enables you to open your 'room' throughout your stay. The 'pay as you wish' system that has been used so far and that succeeded in covering the costs of maintenance and repairs, will probably be replaced in the future by a small fixed amount in order to prevent fun bookings. This Dasparkhotel will probably soon be travelling to other cities in and beyond Austria.

Une évacuation d'égout ne figure pas d'emblée sur la liste de vos destinations de rêve. Mais celles des berges du Danube sont uniques. Malgré leur aspect, ces trois logements de béton, oeuvres de l'artiste Andreas Strauss, sont étonnamment confortables: ils disposent d'électricité, d'une connexion à internet, d'un lit double, d'un sac de couchage en coton et de couvertures de laine. Toilettes, douches, minibar et autre café se trouvent dans le parc. Après avoir réservé en ligne, vous recevez un code d'accès unique qui vous permet d'entrer dans votre chambre durant votre séjour. Le système de « pay as you wish » qui couvrait jusqu'au présent les frais d'entretien et de réparation sera probablement être remplacé dans le futur par un petit prix fixe pour prévenir des réservations pour la plaisanterie. Bientôt le Dasparkhotel sera exporté vers d'autres villes autrichiens et étrangers.

Een rioolbuis mag dan niet meteen op je lijstje met droombestemmingen staan, deze exemplaren aan de oevers van de Donau zijn wél uniek. Ondanks het betonnen uitzicht zijn deze drie verblijven van de hand van kunstenaar Andreas Strauss verbazingwekkend gerieflijk: ze beschikken over elektriciteit, een internetverbinding, een dubbel bed, katoenen slaapzakken en een wollen deken. In het park vind je bovendien voorzieningen zoals een toilet, douches, een minibar en een café. Na je online reservatie krijg je een unieke code toegestuurd die je in staat stelt je 'kamer' gedurende je hele verblijf te openen. Het 'pay as you wish'-systeem dat totnogtoe op redelijk succesvolle wijze onderhouds- en herstelkosten dekte, zal binnenkort wellicht vervangen worden door een kleine vaste prijs om boekingen voor de grap tegen te gaan. Binnenkort gaat Daspark-hotel wellicht ook op verplaatsing naar andere steden in binnen- en buitenland.

DASPARKHOTEL - DONAUPARK, LINZ, AUSTRIA - WWW.DASPARKHOTEL.NET - INFO@DASPARKHOTEL.NET

Each section of pipe weighs 9.5 tons, so even those who sleep restlessly need have no fear of the hotel room running off in the night.

Chaque tuyau pesant 9,5 tonnes, ceux qui dorment mal ne doivent pas craindre l'inconsistance de ces chambres d'hôtel.

Elke buis weegt 9,5 ton, dus ook wie onrustig slaapt, hoeft niet bang te zijn voor op hol geslagen hotelkamers.

PORTATION

AIRPLANE MOTEL
NEW ZEALAND

Fasten your seatbelts

Nodding off in an aircraft, OK, but bunking down in the cockpit?! No problem at Waitomo World Unique Motels! The military Bristol Freighter that entertainer and owner Billy Woodlyn parked in his back garden was one of the last planes to leave Vietnam at the end of the war. It was completely restored and converted into an extraordinary motel containing two suites: one in the tail and one in the cockpit. Both can accommodate four people and have a double bed, bunk beds, a kitchen, toilet and shower. Activities include enjoying Billy Woodlyn's Kiwi Culture Shows or working on his Waitomo farm, but you can also see what it's like to stay in a Hobbit House (see p. 106), a train or a WWII patrol boat.

Piquer un somme dans un avion, soit. Mais ronfler dans un cockpit? C'est possible dans les Waitomo World Unique Motels! Le Bristol Freighter parqué dans le jardin de son propriétaire et gérant Billy Woodlyn était l'un des derniers appareils à quitter le Vietnam après la guerre. Complètement restauré et aménagé en motel, il offre deux suites. L'une dans la queue et l'autre dans le cockpit. Chaque hébergement convient à quatre personnes. Il dispose d'un lit double, de lits superposés, d'une cuisine, d'une toilette et d'une douche. Sur place, vous pouvez profiter du spectacle de Billy Woodlyn sur la culture des kiwis ou l'aider dans sa ferme Waitomo, expérimenter le logement dans une maison hobbit (voir p. 106), un train ou un patrouilleur de la seconde guerre mondiale.

Een uiltje vangen in een vliegtuig, ok. Maar pitten in een cockpit? Bij Waitomo World Unique Motels kan het! De militaire Bristol Freighter die entertainer en eigenaar Billy Woodlyn in zijn achtertuintje parkeerde, was een van de laatste vliegtuigen dat Vietnam na de oorlog verliet. Het werd volledig gerestaureerd en omgebouwd tot een bijzonder motel met twee suites: één in de staart en één in de cockpit. Beide accommodaties zijn geschikt voor 4 personen en beschikken over een dubbel bed, een stapelbed, een keuken, toilet en douche. Ter plekke kan je niet enkel genieten van Billy Woodlyns Kiwi Culture Shows of meewerken op zijn Waitomo-boerderij, maar kan je ook ervaren wat het is om te logeren in een hobbithuis (zie p. 106), een trein of een patrouilleboot uit WOII.

WAITOMO WORLD UNIQUE MOTELS - 1177 Waitomo Valley Road, Otorohanga, New-Zealand - +64 7 878 6666 - www.woodlynpark.co.nz - billy@woodlynpark.co.nz

This is the only military aircraft in the world that's used as a motel.

Il s'agit du seul avion militaire réaffecté en motel.

Dit is het enige militaire vliegtuig ter wereld dat dienst doet als motel.

HOTEL ON WHEELS BRASIL

Ticket to ride

Meet the only officially registered mobile hotel in the world. With an industrial kitchen, three bathrooms, beds, leather armchairs, observation platforms, and its own electricity and water supplies, the Exploranter is the most flexible tourist concept ever. In the rear section, which can be uncoupled for difficult roads, there are 27 rooms, every one with a 2-metre bed, a 90-litre storage space, lighting, a drying rack and a small window. You only unpack and re-pack once, even if you are on the road for a month and traverse an entire continent. And that's a distinct possibility, as the Exploranter specialises in long-distance trips through Brazil, Argentina and Chile. And what is the ultimate aim? To create an environment that brings people together in a world where everything is focused on the individual.

C'est le seul hôtel sur roues enregistré au monde. Une cuisine industrielle, trois salles de bains, des lits, des sièges de cuir, plateformes d'observation et l'approvisionnement propre en eau et électricité: l'Exploranter est le concept touristique le plus flexible jamais conçu. Dans la remorque, qui peut être détachée sur les chemins difficiles, se trouvent 27 petites chambres chacune équipées d'un lit long de deux mètres, avec un coffre de 90 litres, l'éclairage, un séchoir et une petite fenêtre. Vous ne devrez défaire et refaire vos bagages qu'une seule fois même si vous voyagez durant plus d'un mois, en explorant le continent de part en part. Et ce scénario est très probable vu que l'Exploranter est spécialisé dans les trajets de longue distance à travers le Brésil, l'Argentine, le Chili. Le but ultime? Réunir les gens dans un univers focalisé sur l'individu.

Maak kennis met het enige officieel geregistreerde mobiele hotel ter wereld. Met een industriële keuken, drie badkamers, bedden, leren zetels, observatieplatforms, en eigen elektriciteits- en watervoorzieningen is de Exploranter het meest flexibele toeristische concept ooit. In het achterste gedeelte, dat op moeilijk berijdbare wegen achtergelaten kan worden, bevinden zich 27 kamertjes, stuk voor stuk uitgerust met een bed van twee meter lang, een bergvak van 90 liter, verlichting, een droogrek en een raampje. Uit- en inpakken doe je slechts een keer, zelfs als je meer dan een maand onderweg bent en een continent doorkruist. En dat zit er dik in, want de Exploranter is gespecialiseerd in langeafstandstrips doorheen Brazilië, Argentinië en Chili. Het ultieme doel? Een omgeving creëren die mensen samenbrengt in een wereld waarin alles toegespitst is op het individu.

EXPLORANTER OVERLAND HOTEL - Rua Joaquim Antunes 232, Jardim Paulistano, São Paulo - SP, Brasil - CEP05415000 - +55 (11) 3085 2011 - www.exploranter.com - info@exploranter.com

The kitchen has a computer-controlled convection oven, refrigerators and freezers. Plus everything necessary for al fresco eating.

La cuisine comporte un four à convection commandé par ordinateur, un congélateur et des surgélateurs. Tout ce qui est nécessaire pour manger dehors est prévu.

De keuken omvat een computergestuurde convectieoven, ijskasten en diepvriezers. Alles wat nodig is om buiten te eten, is aanwezig.

A judge and his son came up with this initiative when it appeared that like them, lots of people wanted to go on long-distance trips but did not know how to get started.

L'initiative émane d'un juge et de son fils ayant constaté que de nombreuses personnes souhaitaient effectuer de longs voyages sans savoir comment s'y prendre.

Een rechter en zijn zoon zijn met het initiatief gestart toen bleek dat velen net als zij langeafstandstrips wilden maken, maar niet wisten hoe eraan te beginnen.

B&B CABOOSES USA

Stop that train

In the Red Caboose Getaway you can't possibly miss your train. This B&B in the shadow of the Olympic Mountains in the lavender capital Sequim comprises a station, four cabooses and a stainless steel Zephyr dining car, all neatly parked on their own length of track around a lake. Each caboose has been fitted out differently, with themes ranging from the Orient Express, through 'the circus', to the 'Wild West', and has a shower, bath or Jacuzzi. Although particular attention has been paid to comfort and aesthetics, such authentic elements as oak floors, drivers' platforms and original toilets have been successfully retained. A fifth caboose will be unveiled in summer 2007, and if everything goes according to plan, four more will follow.

Avec le Red Caboose Getaway, impossible de rater son train. Ce bed & breakfast est situé au pied des Olympic Mountains, à Sequim, capitale de la lavande. Il comprend une gare, quatre locomotives et un wagon-restaurant nommé Zephyr, rangés sur un morceau de voie autour d'un étang central. Chaque loco est aménagée de manière différente –au travers de thèmes allant de l'Orient Express, au cirque, en passant par le Far West — et comprennent une douche, un bain ou un bain à bulles. Bien qu'une attention particulière ait été consacrée au confort et à l'esthétique, on a réussi a conserver les éléments authentiques tels que les parquets de chêne, l'espace des machinistes et les toilettes originelles. A l'été 2007 une cinquième loco sera installée, et si tout se passe comme prévu, quatre autres devraient suivre.

Het is onmogelijk om je trein te missen in de Red Caboose Getaway. Deze B&B in de schaduw van de Olympic Mountains in lavendelhoofdstad Sequim omvat een station, vier locomotieven en een roestvrij stalen Zephyr dineer-wagon, stuk voor stuk netjes geparkeerd op een eigen stukje spoor rond een centrale vijver. Elke locomotief is op een andere manier ingericht -met thema's gaande van Orient Express over circus tot Wild West- en bevat een douche, bad of whirlpool. Hoewel er speciale aandacht geschonken werd aan comfort en esthetica, is men erin geslaagd authentieke elementen zoals eiken vloeren, machinistenplaatsen en originele wc-ruimtes te behouden. In de zomer van 2007 wordt een vijfde locomotief ingehuldigd, en als alles volgens plan verloopt volgen er daarna nog vier.

RED CABOOSE GETAWAY - 24 OLD COYOTE WAY, SEQUIM, WA 98382, USA - +1 360 683 7350 - WWW.REDCABOOSEGETAWAY.COM - INFO@REDCABOOSEGETAWAY.COM

Olaf and Charlotte Protze set up Red Caboose Getaway because they are mad about B&B experiences but hate thin walls.

Olaf et Charlotte Protze ont fondé Red Caboose Getaway car ils adoraient les B&B mais n'en supportaient pas les murs trop minces.

Olaf en Charlotte Protze hebben Red Caboose Getwaway gesticht omdat ze dol waren op B&B-ervaringen, maar een hekel hadden aan dunne muren.

TRAILER PARK FRANCE

Retro heaven

This stationary convoy of ten authentic Airstream trailers is parked at the foot of the Pyrenees, in the Belrepayre Airstream & Retro Trailer Park. Trailer trash here soon becomes 'trailer flash', as these vintage classics are fitted and furnished entirely in the colourful style of the sixties and seventies, including black & white TV, retro crockery and psychedelic patio set. Each camper has one or more beds, running water, electricity, its own bathroom, garden furniture and a barbecue. You can fraternise with fellow campers in the Apollo Lounge, a 10-metre-long trailer under a silver pavilion tent. This retro campsite is part of a working organic farm, so there is plenty of opportunity for gathering eggs and picking fruit and vegetables in season.

Ce convoi statique de dix authentiques caravanes Airstream est garé au pied des Pyrénées dans le Belrepayre Airstream & Retro Trailer Park. Ces fabuleux monstres d'aluminium sont décorés dans l'esprit des années '60 et '70, y compris la télé noir et blanc, un service rétro et des équipements de terrasse psychédéliques. Chaque caravane est pourvue d'un ou plusieurs lits, d'eau courante, d'électricité, d'une salle de bain individuelle, d'un mobilier de jardin et d'un barbecue. La fraternisation avec d'autres campeurs se passe à l'Apollo Lounge, un trailer de dix mètres de long sous une tente pavillonnaire argentée. Le camping rétro fait partie d'une ferme biologique en activité. Il est donc loisible de récolter des oeufs, de cueillir des fruits et des légumes.

Dit stationaire konvooi van tien authentieke Airstreamtrailers staat geparkeerd aan de voet van de Pyreneeën, in Belrepayre Airstream & Retro Trailer Park. Trailer trash wordt hier al snel trailer flash, want de vintageklassiekers zijn volledig in kleurrijke sixties- en seventiesstijl ingericht, inclusief zwartwit-tv, retroservies en psychedelisch terrasstel. Elke camper is voorzien van een of meerdere bedden, stromend water, elektriciteit, een eigen badkamer, tuinmeubilair en een barbecue. Verbroederen met collega-kampeerders kan in de Apollo Lounge, een tien meter lange trailer onder een zilverkleurige paviljoentent. De retrocamping is onderdeel van een werkende organische boerderij, dus er is ook volop gelegenheid om eitjes te rapen en seizoensgroenten en -fruit te plukken.

BELREPAYRE AIRSTREAM & RETRO TRAILER PARK - BELREPAYRE, 09500 MANSES, FRANCE · +33 561 68 11 99 · WWW.AIRSTREAMEUROPE.COM · INFO@AIRSTREAMEUROPE.COM

If you prefer to bring your own caravan, remember that it has to be at least 25 years old to be allowed in.

Si vous souhaitez amener votre propre caravane, vous devez savoir qu'elle doit avoir au moins 25 ans d'âge pour être acceptée.

Wil je je eigen caravan meebrengen, dan moet je er rekening mee houden dat hij minstens 25 jaar oud moet zijn om binnen te mogen.

GIPSY CAMP THE NETHERLANDS

Circus living

For the last two years, the tiny village of Den Hool in the Dutch province of Drenthe, with its ten thatched farms around an old-fashioned green, has been the setting for an extraordinary caravan encampment. Eleven authentic circus caravans dating from 1952-65 together form Bohemian Paradise, a mini-campsite where nostalgia and romance are of paramount importance. Most of the caravans are from Belgium and the Netherlands, were previously used by circus people and gypsies, and are suitable for two to eight people. They were lovingly refitted one by one, using antique furniture, atmospheric lighting, old-fashioned beds and kitschy knick-knacks. Most of them are equipped with one or more bedrooms, a kitchen, a living room and a stove. The experience is completed by a campfire and a ride in a covered wagon.

Den Hool, un minuscule village de Drenthe comptant dix fermes au toit de chaume autour d'un enclos archaïque, est depuis deux ans le décor d'un camping exceptionnel. Onze roulottes de cirque authentiques datant des années 1952 à 1965 forment le Boheems Paradijs, un mini camping où la nostalgie et le romantisme sont exacerbés. La majorité des roulottes proviennent de Belgique et des Pays-bas, précédemment utilisés par les gens du cirque et les tziganes. Elles conviennent pour deux ou huit personnes. Elles ont été amoureusement aménagées à l'aide de meubles antiques, d'éclairage d'ambiance, de lits démodés et d'objets de pacotille. La plupart des voitures sont équipées d'une ou plusieurs chambres, une cuisine, un séjour et un poêle. Un feu de camp et une balade en roulotte complètent l'expérience.

Den Hool, een piepklein dorpje in Drenthe met tien rietgedekte boerderijen rond een ouderwetse brink, vormt sinds twee jaar het decor voor een uitzonderlijk woonwagenkamp. Elf authentieke circuswoonwagens uit de periode 1952 - 1965 vormen er Boheems Paradijs, een minicamping waar nostalgie en romantiek hoog in het vaandel gedragen worden. De woonwagens stammen grotendeels uit België en Nederland, werden vroeger gebruikt door circusmensen en zigeuners, en zijn geschikt voor twee tot acht personen. Stuk voor stuk werden ze op liefdevolle wijze opnieuw ingericht met behulp van antieke meubels, sfeervolle verlichting, ouderwetse bedden en kitscherige prullaria. De meeste wagens zijn uitgerust met een of meerdere slaapkamers, een keuken, een woonkamer en een kachel. Een kampvuur en een huifkarrenrit completeren de ervaring.

It is hard to imagine how in days gone by the present four-person caravans housed no less than eight to ten people.

Difficile de s'imaginer que votre roulotte de quatre personnes hébergeait jadis jusqu'à huit à dix individus.

Je kan je moeilijk indenken dat de huidige vierpersoonswagens in vervlogen tijden onderdak boden aan wel acht tot tien personen...

BOHEEMS PARADIJS - DEN HOOL 5, 7845 TG HOLSLOOT, THE NETHERLANDS - +31 6 28777473 - WWW.BOHEEMSPARADIJS.NL - INFO@BOHEEMSPARADIJS.NL

TRAIN STATION HOTEL USA

All aboard

This impressive building in the Romanesque Revival style, built in 1888 as America's first 'Union Station', and included in the National Register of Historical Buildings since 1974, was transformed into a hotel in 1983. It has 275 spacious rooms and more than 4000 sq. m. of meeting rooms. The most impressive room is undoubtedly the Grand Hall with its distinctive pillars and arches and extremely high curved glass roof with striking stained-glass windows in the form of wagon wheels on both sides. What is more, the hotel owns thirteen authentic Pullman carriages fitted out as extra guest rooms and named after famous people of the early twentieth century such as Charlie Chaplin, Louis Armstrong, Winston Churchill, Greta Garbo, Cole Porter and so on. Each carriage has two rooms with a double or two single beds.

Cette impressionnante construction néo romane de 1888 est la toute première « Union Station » américaine. Reprise en 1974 au registre national des monuments historiques, elle a été transformée en hôtel en 1983. Elle compris 275 vastes chambres et plus de 4000 m² d'espaces de réunion. Le plus marquant est sans aucun doute le Grand Hall, avec ses piliers et ses arcs distinctifs, son immense coupole de verre et ses vitraux évoquant les roues des wagons. L'hôtel est propriétaire de treize authentiques wagons Pullman qui sont équipés comme de chambres supplémentaires et ont été dénommées d'après des personnalités du début du 20e siècle : Charlie Chaplin, Louis Armstrong, Winston Churchill, Greta Garbo, Cole Porter, etc. Chaque voiture possède deux chambres avec un lit double ou deux lits simples.

Dit indrukwekkende neoromaanse bouwwerk, in 1888 gebouwd als Amerika's allereerste 'Union Station' en sinds 1974 opgenomen in het Nationaal Register van Historische Gebouwen, werd in 1983 getransformeerd tot hotel. Het bevat 275 ruime kamers en meer dan 4000 m² vergaderruimte. De meest indrukwekkende ruimte is zonder twijfel de Grand Hall, met zijn distinctieve pilaren en bogen, en het immens hoge gebogen glazen dak met aan weerskanten opvallende glas-in-loodramen in de vorm van wagonwielen. Het hotel beschikt bovendien over dertien authentieke Pullmanwagons die ingericht werden als extra gastenkamers en vernoemd werden naar beroemde persoonlijkheden uit het begin van de twintigste eeuw, zoals Charlie Chaplin, Louis Armstrong, Winston Churchill, Greta Garbo, Cole Porter, enz. Elke wagon bevat twee kamers met een dubbel of twee enkele bedden.

CROWNE PLAZA AT THE UNION TRAIN STATION - 123 WEST LOUISIANA STREET, INDIANAPOLIS, INDIANA 46225, USA - +1 317 6312221 - WWW.ICHOTELSGROUP.COM

B&B BOAT FRANCE

Anchors aweigh

The City of Light takes on a whole new dimension when seen from this romantic luxury houseboat on the Seine. This boat, the Simpatico, was launched in the Netherlands in 1916 as a sailing freighter with a capacity of 162 tons, and was retined in the early seventies when it turned out to be no longer economically competitive. Its new owner, Bob Abrams, spent more than ten years restoring it, and it shows. The part available for rent, with an area of 80 sq. m., provides accommodation for four people and comprises a large living room, a well-equipped kitchen, a luxurious bathroom and a comfortable bedroom. The entire interior is clad in varnished wood, polished brass and loads of fascinating objects collected over years of globetrotting. From the deck you have an unrivalled view of the Seine, the Eiffel Tower, the Bir Hakeim Bridge and the historical district of Passy on the right bank.

La ville des lumières prend une toute autre dimension lorsque vous la regardez de la Seine, sur ce bateau de luxe. Cette péniche construite en 1916 aux Pays-Bas était à l'origine un navire de transport de marchandises d'une capacité de 162 tonnes. Au début des années '70, le Simpatico a été mis au rebut car il n'était plus compétitif. Son nouveau propriétaire Bob Abrams a consacré plus de 10 ans à sa restauration et cela se voit. La partie à louer présente une surface de 80 m², et peut loger quatre personnes. Elle comprend un grand séjour, un cuisine bien équipée, une luxueuse salle de bains et une chambre à coucher confortable. L'intérieur a été complètement décoré de panneaux de bois verni, de cuivre lustré et d'objets fascinants, collectionnés durant des années de voyage autour du monde. Le pont supérieur vous offre une vue inégalée sur la Seine, la tour Eiffel, le pont Bir Hakeim et le quartier historique de Passy.

De lichtstad krijgt een totaal andere dimensie als je ze bekijkt vanop deze romantische luxewoonboot op de Seine. Gebouwd in 1916 in Nederland als zeiltransportschip met een capaciteit van 162 ton, werd de Simpatico begin jaren '70 met pensioen gestuurd toen hij niet meer competitief genoeg bleek. Nieuwe eigenaar Bob Abrams spendeerde meer dan tien jaar aan de restauratie, en dat is eraan te zien. Het huurgedeelte, met een oppervlakte van 80 m², biedt slaapplaats aan vier personen en bestaat uit een grote woonkamer, een goed voorziene keuken, een luxeueze badkamer en een comfortabele slaapkamer. Het volledige interieur werd afgewerkt met gevernist hout, glimmend koperwerk en hopen fascinerende objecten, verzameld gedurende jaren van globetrotten. Vanop het dek heb je een ongeëvenaard uitzicht op de Seine, de Eiffeltoren, de Bir Hakeimbrug en de historische Passy-buurt.

BATEAU SIMPATICO - PORT DE SUFFREN, 75015 PARIS, FRANCE - WWW.QUAI48PARISVACATION.COM - BUREAU@QUAI48PARISVACATION.COM

The Bateau Simpatico lies literally in the shadow of the Eiffel Tower and three-minutes' walk from train and metro stops.

Bateau Simpatico est littéralement amarré à l'ombre de la tour Eiffel à trois minutes d'une station de train et de métro.

Bateau Simpatico ligt letterlijk in de schaduw van de Eiffeltoren en op drie minuten wandelen van een trein- en een metrohalte.

SURVIVAL CAPSULE HOTEL

Bond meets Barbarella

In The Hague, two 1972 survival capsules with a diameter of 4.25 metres have been put to use as floating hotel rooms. Denis Oudendijk started up this project as part of 'practice-oriented waste research for the purposes of spatial design'. In the meantime it has started to lead a life of its own and you can go online to choose from three options. The luxury version includes the use of suspended nets with sheepskins, cushions, silk-sheet bags and sleeping bags, a survival package with champagne, a vodka-martini bar, a DVD player with all the James Bond films, a karaoke set, mini-library, mirrored ball, festive lighting, gadgets, toilet and even a bicycle. In the survival-plus version you have to manage without the vodka bar, champagne, sheepskins and films, and in the plain survival version even the toilet and the DVD player are missing.

Deux capsules de survie datant de 1972 et d'un diamètre de 4,25 mètres servent de chambres d'hôtel flottantes à La Haye. Denis Oudendijk a débuté ce projet dans le cadre d'une « Enquête pratique sur les déchets à l'usage de la formation d'espaces ». Entre-temps, elles ont, en quelque sorte, suivi leur chemin et il vous est possible de choisir, via internet, parmi trois options. La version de luxe prévoit hamacs et peaux de mouton, coussins, draps et sacs de couchage en soie ainsi qu'un pack de survie avec du champagne, un bar vodka-martini, un lecteur dvd avec tous les James Bond, un set de karaoké, une mini bibliothèque, un boule à facettes, un éclairage de fête, des gadgets, une toilette et même un vélo. Dans la version de survie, vous devrez vous passer du bar à vodka, du champagne, des peaux de mouton et des films. Quant au wc et au lecteur dvd, il faut y croire.

Twee overlevingscapsules uit 1972 met een diameter van 4,25 meter doen in Den Haag dienst als drijvende hotelkamers. Denis Oudendijk ging met dit project van start in het kader van een 'praktijkgericht afvalonderzoek ten behoeve van de ruimtelijke vormgeving.' Intussen is het zo'n beetje een eigen leven gaan leiden en kan je online kiezen uit drie opties. De luxeversie omvat het gebruik van hangnetten met schapenvachten, kussens, zijdenlakenzakken en slaapzakken, overlevingspakket met champagne, wodkamartini bar, dvd-speler met alle James Bond-films, karaokeset, minibibliotheek, discobol, feestverlichting, gadgets, toilet en zelfs een fiets. In de survival+-versie moet je het doen zonder wodkabar, champagne, schapenvachten en films; in de survivalversie moeten ook de wc en de dvd-speler eraan geloven.

The capsules are sometimes moved around. In summer 2007, for example, they will be going to Nantes to take part in a mobile architecture biennale.

Les capsules changent parfois de localisation. A l'été 2007, elles iront à Nantes pour participer à une biennale d'architecture mobile.

De capsules veranderen soms van locatie. Zo gaan ze in de zomer van 2007 naar Nantes om mee te doen aan een mobiele architectuurbiënnale.

CAPSULEHOTEL - LAAKHAVEN, VERHEESKADE 287, 2521 DE DEN HAAG, THE NETHERLANDS - WWW.CAPSULEHOTEL.INFO - DENIS@VLNR.INFO

FREIGHT CAR RENTAL

THE NETHERLANDS

Train hopping

Atelier Van Lieshout, an international multidisciplinary business involved in contemporary art, has for years been concerned with designing mobile units for museums and for the AVL-Ville free state. In 2001, entirely in keeping with these activities, AVL converted a goods wagon at the S.T.A.R. Museum Railway into a pioneer wagon. It was intended to hark back to the time of the peat pioneers who exploited the peat landscape. AVL replaced the wagon's woodwork and put double glazing in the ventilation openings. The interior was entirely metamorphosed, while the original appearance of the exterior was retained. The wagon is near the station at Stadskanaal, but can on request be located almost anywhere along the museum railway line. It accommodates five people and has lighting, heating, a toilet and a shower.

L'atelier Van Lieshout est une firme multidisciplinaire internationale active dans l'art moderne. Elle se consacre depuis des années à la conception d'unités mobiles à destination des musées et son projet d'état libre « AVL-Ville ». Dans cette optique, AVL a transformé, en 2001, un wagon de marchandises appartenant au musée des chemins de fer S.T.A.R. Il devait évoquer le temps de premiers tourbiers. AVL a métamorphosé l'intérieur en remplaçant le bois garnissant le wagon et les ouvertures sont pourvues de double vitrage. A l'extérieur, le caractère d'origine a été préservé. La voiture est garée à la station de Stadskanaal, mais peut être déplacée à n'importe que endroit le long de la voie ferrée du musée, sur demande. Le wagon accueille jusqu'à 5 personnes et offre éclairage, chauffage toilette et douche.

Atelier Van Lieshout, een internationaal multidisciplinair bedrijf dat zich bezighoudt met moderne kunst, legt zich al jarenlang toe op het ontwerpen van mobiele units voor musea en voor vrijstaat AVL-Ville. Volledig in diezelfde lijn bouwde AVL in 2001 een goederenwagon van de Museumspoorlijn S.T.A.R. om tot pionierswagen. Deze moest verwijzen naar de tijden van de veenpioniers, die het veenlandschap ontgonnen. AVL verving het houtwerk van de wagen en voorzag de ventilatieopeningen van dubbel glas. Het interieur onderging een metamorfose, terwijl aan de buitenkant het originele karakter bewaard werd. De wagon staat bij het station te Stadskanaal, maar kan op verzoek op bijna elke plek langs het traject van de museumspoorlijn worden geplaatst. Hij biedt plaats aan vijf personen en is voorzien van verlichting, verwarming, een toilet en een douche.

S.T.A.R.WAGON - STATIONSSTRAAT 3, 9503 AD STADSKANAAL, THE NETHERLANDS - +31 599 651890 - WWW.STADSKANAALRAIL.NL - INFO@STADSKANAALRAIL.NL

The S.T.A.R. Museum Railway has locomotives, carriages and goods wagons, and provides nostalgic trips between Veendam and Musselkanaal.

S.T.A.R. possède des locomotives, des wagons et propose des voyages nostalgiques entre Vendam et Musselkanaal.

Museumspoorlijn S.T.A.R. bezit locomotieven, rijtuigen en goederenwagons, en verzorgt nostalgische ritjes tussen Vendam en Musselkanaal.

CORATION

ART HOTEL BERLIN

Stay-in work of art

A room with a flying bed, a prison cell whose occupant has just escaped, grandma's room with shower and WC in the cupboard, a midget's room 1.43 m. high that you have to share with dwarves, a room with a peephole to spy on the neighbours, who sleep in a cage on stilts, an 'inverted' room with furniture on the ceiling – in Berlin's most bizarre hotel you imagine yourself in Alice in Wonderland. It arose out of a hobby that got out of hand. When the German artist Lars Stroschen decided to let two rooms of his flat to finance music projects, this Propeller Island City Lodge rapidly expanded into a madly popular art hotel with 45 unique rooms. The artist himself designed every piece of furniture and decorative detail, so the building feels more like a gallery than a hotel.

Un lit volant, une cellule de prison dont l'occupant vient de s'échapper, une chambre de grand'mère avec douche et wc dans le placard, une chambre de nain dont le plafond est à 1,43 mètre de haut à partager avec des lutins, un chambre avec un oeilleton pour reluquer les voisins qui dorment dans une cage perchée sur des échasses, une chambre inversée où le mobilier est collé au plafond. Dans l'hôtel le plus bizarre de Berlin, on se prendrait pour Alice aux pays des merveilles. Propeller Island City Lodge est né du hobby de l'artiste allemand Lars Stroschen, qui un jour décida de louer deux chambres dans son appartement afin de financer des projets musicaux. En un rien de temps, l'endroit est devenu un hôtel d'art de 45 chambres incroyablement populaire. Chaque pièce de mobilier, chaque détail décoratif a été élaboré par l'artiste lui-même, d'où la sensation de se trouver davantage dans un musée plus que dans un hôtel.

Een kamer met een vliegend bed, een gevangeniscel waaruit de bewoner net ontsnapt is, oma's kamer met douche en wc in de kast, een dwergenkamer van 1,43 meter hoog die je moet delen met kabouters, een kamer met gluurgat naar de buren, die slapen in een kooi op stelten, een 'omgekeerde' kamer met meubilair tegen het plafond - in het bizarste hotel van Berlijn waan je je Alice in Wonderland. Ontstaan dankzij een uit de hand gelopen hobby van de Duitse kunstenaar Lars Stroschen, die ooit besloot om twee kamers in zijn appartement te verhuren om muziekprojecten te financieren, is Propeller Island City Lodge in een mum van tijd uitgegroeid tot een waanzinnig populair kunsthotel met 45 unieke kamers. Elk meubelstuk en decoratief detail is door de kunstenaar zelf ontworpen, waardoor het pand meer aanvoelt als een museum dan als een hotel.

PROPELLER ISLAND CITY LODGE - ALBRECHT ACHILLES STRASSE 58, 10709 BERLIN, GERMANY - +49 30 891 90 16 - WWW.PROPELLER-ISLAND.COM

When you book you can choose three rooms where you would like to spend the night. Changing rooms during your stay costs €25.

A la réservation vous pouvez choisir jusqu'à trois chambres où dormir. Le changement de chambre durant le séjour coûte 25 euros.

Bij reservatie mag je drie kamers kiezen waarin je wel eens wil overnachten. Van kamer wisselen tijdens je verblijf kost 25 euro.

Anyone who is very keen on Stroschen's work can buy his furniture and art in the adjacent gallery.

Les amateurs du travail de Stroschen peuvent acquérir du mobilier ou des objets d'art de sa main, dans la galerie voisine.

Wie Stroschens werk fantastisch vindt, kan in de aangrenzende galerie meubelstukken en kunstwerken van zijn hand kopen.

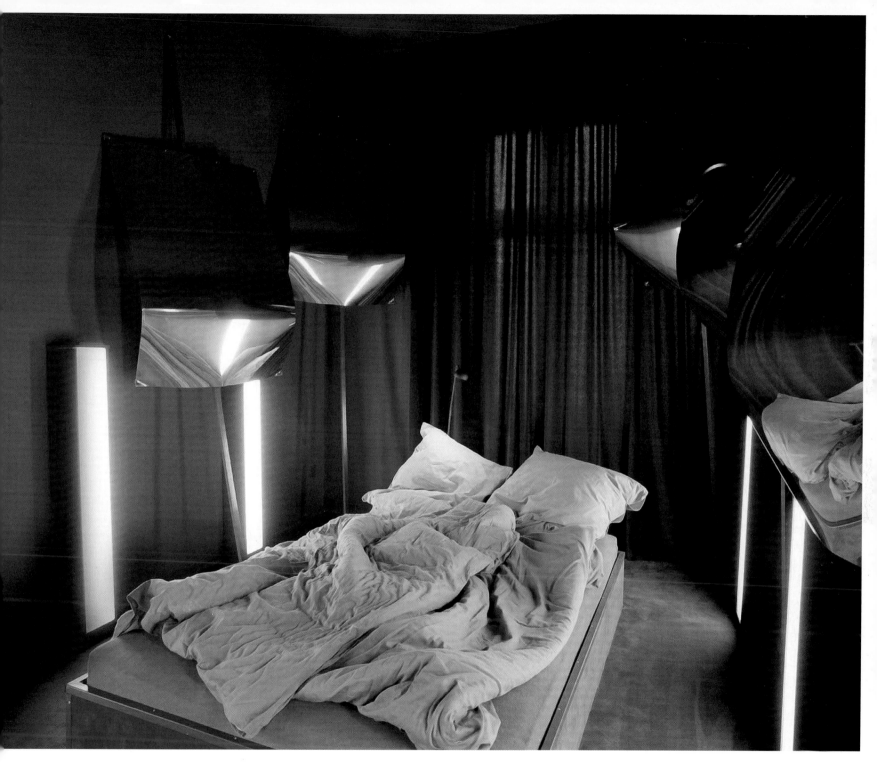

Standard services that you encounter in other hotels are lacking here. Don't expect room service, a mini bar, a trouser press or satellite TV. Oh, and checking in is only possible from 8 am to 12 noon....

Oubliez l'équipement standard des hôtels ordinaires. Ici, pas de service de chambre, de mini bar, de valet de chambre ou télévision par satellite. Et l'enregistrement n'est possible qu'entre 8 heures et midi.

De standaardvoorzieningen die je tegenkomt in gewone hotels zijn hier niet te vinden. Verwacht dus geen room service, minibar, broekpers of satelliettelevisie. En inchecken kan enkel tussen 8 en 12 uur 's morgens...

LIBRARY HOTEL ^{USA}

Reading in bed allowed

In the heart of New York, just a few steps from the Public Library and the Pierpoint Morgan Library, you will find the 60 rooms of the Library Hotel. As the name suggests, in this hotel everything revolves around books. Each floor and each room has a number from the Dewey decimal classification system, as used in libraries. This means the third floor represents the social sciences, the fifth the exact sciences, the seventh art and the eighth literature, while the rooms offer a choice from such diverse topics as astronomy, law, fiction, fairy tales and erotic literature. Guests may choose a topic and the associated room when they check in.

Au coeur de New York, à deux pas de la New York Public Library et de la Pierpoint Morgan Library, se trouve le Library Hotel. Un établissement de soixante chambres. Comme son nom l'indique, tout dans cet hôtel tourne autour du livre. Chaque étage, chaque chambre a reçu une numérotation correspondant à la classification décimale Dewey, utilisée dans de nombreux systèmes de classement des bibliothèques. Ainsi, le troisième étage est consacré aux sciences sociales, le cinquième aux sciences exactes, le septième à l'art et le huitième à la littérature, tandis que les chambres offrent un choix de thèmes comme l'astronomie, le droit, la fiction, les contes et la littérature érotique. Chaque hôte peut choisir son thème et la chambre correspondante, à l'enregistrement.

In het hart van New York, op slechts een paar passen van de New York Public Library en de Pierpoint Morgan Library, vind je het 60 kamers tellende Library Hotel. Zoals de naam al doet vermoeden, draait alles in dit hotel rond boeken. Zo heeft elke verdieping én elke kamer een nummer meegekregen dat past in de Dewey Decimale Classificatie, een veel gebruikt bibliotheekindelingssysteem. Op die manier staat de derde verdieping voor sociale wetenschappen, de vijfde voor exacte wetenschappen, de zevende voor kunst en de achtste voor literatuur, terwijl de kamers keuze bieden uit uiteenlopende thema's als astronomie, rechten, fictie, sprookjes of erotische literatuur. Bij het inchecken mag elke gast zélf een thema en bijbehorende kamer kiezen.

The hotel has about 6000 books, chosen with care at the Strand Bookstore, a shop with one of the largest collections of rare books in New York City.

L'hôtel possède quelque 6.000 livres, soigneusement sélectionnés chez Strand Bookstore, un magasin qui possède l'un des plus grandes collections de livres rares de la ville.

Het hotel bevat zo'n 6000 boeken, met zorg uitgekozen bij Strand Bookstore, een winkel met een van de grootste collecties zeldzame boeken in NYC.

LIBRARY HOTEL - 299 MADISON AVENUE AT 41ST STREET, NEW YORK, NY 10017 USA - +1 212 983 4500 - WWW.LIBRARYHOTEL.COM - RESERVATIONS@LIBRARYHOTEL.COM

ONE ROOM HOTEL

GERMANY *

Have you ever?

This one room hotel offers guests a unique experience: a concierge to themselves, breakfast in their room, a well-filled minibar (included in the price) and golden embroidered bath towels offered to take home as a souvenir... But Hotel Everland is not just any hotel, rather a work of art by the Swiss L/B duo (Sabina Lang and Daniel Baumann). The project was created for the Swiss National Expo.02 and can be seen on the roof of the Museum of Contemporary Art in Leipzig until August 2007. It comprises a lounge with panoramic window, a king size bed and a luxurious bathroom with miniature swimming pool. Visitors to the museum can have a look inside the room during opening hours, but at night it is reserved for the lucky few who have booked it online. In September 2007 Everland will be installed in Paris.

* THE PRESENT LOCATION OF THIS MOBILE HOTEL.

Cet hôtel à chambre unique propose une expérience inoubliable à ses hôtes: concierge personnalisé, petit déjeuner dans la chambre, minibar garni (compris dans le prix) ainsi que des serviettes de bain brodées d'un liserai d'or qui peuvent être emmenées ... Hotel Everland n'est pas simplement un hôtel, c'est l'oeuvre d'art du duo suisse L/B (Sabina Lang et Daniel Baumann). Le projet a été créé pour l'Expo.02 suisse et est visible jusqu'en août 2007 sur le toit du musée d'art moderne de Leipzig*. Il comprend un lounge avec fenêtre panoramique, un lit double, une luxueuse salle de bains et une mini piscine. Durant les heures d'ouverture, les visiteurs du musée peuvent y jeter un œil et le soir, l'espace est réservé aux quelques privilégiés qui l'ont réservé par internet. En septembre 2007 Everland ira à Paris.

* LOCALISATION ACTUELLE DE CET HÔTEL MOBILE.

Dit eenkamerhotel biedt gasten een unieke ervaring: een hoogstpersoonlijke conciërge, ontbijt op de kamer, een gevulde minibar (inbegrepen in de prijs) en met gouddraad geborduurde handdoeken die er liggen om meegenomen te worden... Hotel Everland is dan ook niet zomaar een hotel, maar een kunstwerk van de hand van het Zwitserse duo L/B (Sabina Lang en Daniel Baumann). Het project werd gecreëerd voor de Zwitserse nationale Expo.02 en is nog tot augustus 2007 te zien op het dak van het Museum voor Moderne Kunst in Leipzig. Het omvat een lounge met panoramisch raam, een dubbel bed en een luxueuze badkamer met minizwembad. Gedurende de openingsuren mogen de museumbezoekers een kijkje nemen in de ruimte, 's avonds is ze voorbehouden aan de lucky few die ze online geboekt hebben. In september 2007 vertrekt Everland naar Parijs.

* DE HUIDIGE LOCATIE VAN DIT MOBIELE HOTEL.

HOTEL EVERLAND - JUNE 2006 – AUGUST 2007: GALERIE FÜR ZEITGENÖSSISCHE KUNST, LEIPZIG, GERMANY - FROM SEPTEMBER 2007: PALAIS DE TOKYO, PARIS, FRANCE - WWW.EVERLAND.CH

L/B are well known for their installations, which invite the viewer to participate in the work of art. Everland emulates the subjective dream of a hotel.

L/B est connu pour ses installations qui invitent le visiteur à participer à l'œuvre d'art. Everland cherche à égaler le rêve subjectif d'un hôtel.

L/B staan gekend om installaties die de kijker uitnodigen om deel te nemen aan het kunstwerk. Everland streeft de subjectieve droom van een hotel na.

A record player and collection of LPs are included, plus Airtunes and free wireless Internet access.

Inclus, un tourne-disque avec une collection de 33 tours, Airtunes et gratuit accès à internet sans fil.

Inbegrepen zijn een platenspeler met elpeeverzameling, Airtunes en gratis draadloze internettoegang.

THEME
HOTEL CANADA

The mall has it all

No one need ever endure even a moment's boredom at the Fantasyland Hotel in Edmonton. Not only does it have more than 120 themed rooms, but it is also located smack in the middle of Edmonton Mall. This 500,000 sq. m. shopping centre, with more than 800 shops and 110 places to eat, is sometimes called 'the greatest indoor show on earth', and not without reason. For example, it has the world's largest indoor amusement park, wave pool and indoor lake, the world's highest indoor bungee tower, 21 cinemas, two minigolf courses, a wild water ride, a skating rink, a casino, a park for aquatic animals and much, much more. At least 22 million people visit Edmonton Mall every year, and 250,000 of them stay at the Fantasyland Hotel. And one of the things they are prepared to do to complete their experience is plenty of room-hopping.

On ne s'ennuie jamais au Fantasyland Hotel d'Edmonton. Non seulement l'hôtel dispose de 120 chambres thématiques mais il est situé dans le mall d'Edmonton. Ce centre commercial de 500.000 m² compte plus de 800 magasins, 110 points de restauration et est parfois surnommé « The greatest indoor show on earth » . Et ce ne sont pas des paroles en l'air. Il possède la plus grand parc de divertissement couvert du monde, un parc aquatique, la tour de benji la plus élevée du monde, 21 salles de cinéma, deux parcours de minigolf, une rivière sauvage, une piste de patinage, un casino, un zoo marin et bien plus. Chaque année le mall reçoit la visite de plus de 22 millions de personnes et 250.000 d'entre eux logent au Fantasyland Hotel. Pour profiter au maximum de l'expérience ils vont d'aller d'une chambre à l'autre.

In het Fantasyland Hotel in Edmonton hoeft niemand zich ooit één enkele seconde te vervelen. Het hotel beschikt niet enkel over 120 themakamers, het bevindt zich ook nog eens pal in Edmonton Mall. Dit winkelcentrum van 500.000 m² met meer dan 800 winkels en 110 eetgelegenheden wordt ook wel eens 'the greatest indoor show on earth' genoemd, en dat is geen loze kreet. Zo beschikt het over 's werelds grootste indoor amusementspark, golfslagbad en indoor meer, 's werelds hoogste indoor bungeetoren, 21 filmzalen, twee minigolfbanen, een wildwaterbaan, een schaatsbaan, een casino, een waterdierenpark en nog veel, veel meer. Elk jaar bezoeken ruim 22 miljoen mensen Edmonton Mall, en daarvan logeren er 250.000 in Fantasyland Hotel. Dat die dan wel eens aan roomhopping willen doen om hun ervaring helemaal af te maken, nemen ze er daar graag bij.

FANTASYLAND HOTEL AT WEST EDMONTON MALL - 17700-87 AVENUE, EDMONTON, ALBERTA, CANADA, T5T 4V4 - +780 444 3000 - WWW.FANTASYLANDHOTEL.COM - ROOMS@FANTASYLANDHOTEL.COM

You can choose from twelve themes: African, Roman, truck, igloo, water-park, railways, Arabic, Victorian, Western, Polynesian, Hollywood and sport.

Vous pouvez choisir parmi l'un des 12 thèmes suivant: africain, romain, camion, igloo, parc aquatique, chemin de fer, arabe, victorien, western, polynésien, Hollywood et sport.

Je kan kiezen uit twaalf thema's: Afrikaans, Romeins, truck, iglo, waterpark, spoorwegen, Arabisch, Victoriaans, western, Polynesisch, Hollywood en sport.

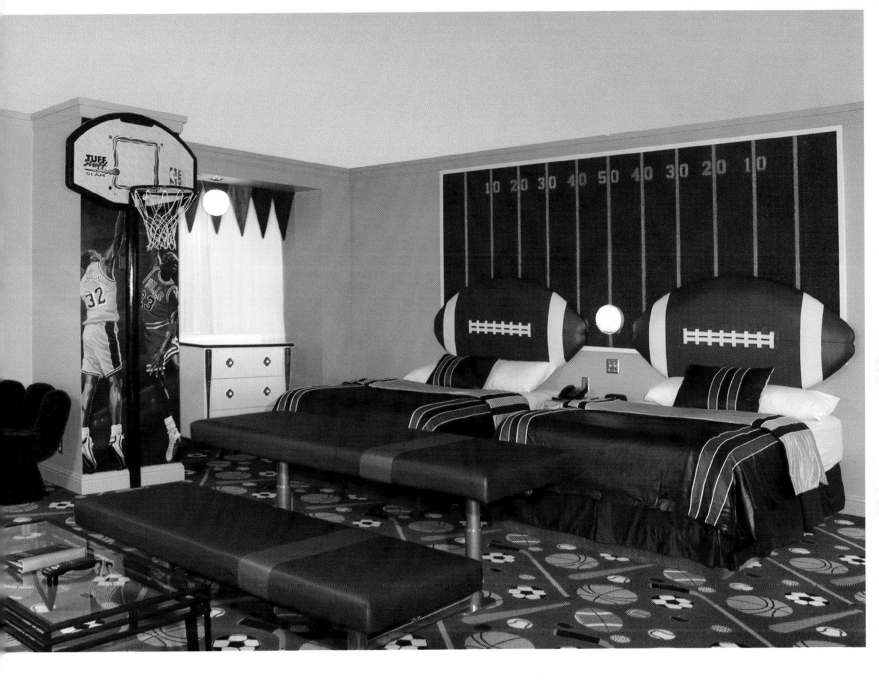

CAPSULE HOTEL ^{JAPAN}

A comfortable coffin

A futon one metre by two, surrounded by plastic walls. A microwave oven door with a curtain in front of it. An electronic console within easy reach and a TV at knee-level. This is what a 'room' in a Japanese capsule hotel looks like. This sort of hotel first appeared in Osaka in 1979 and since then has been copied in many Japanese cities. Their most frequent clients are business people or 'salarymen' who miss their train after work or after the happy hour turn out to be too tipsy to get home. As a consequence, most capsule inns are 'men only' and are near stations. The price often includes everything you need to freshen up (soap, shampoo, toothbrush, razor, comb, bathrobe, towel, etc.). Capsule Inn Akihabara has 208 capsules, and even has special 'rooms for girlfriends', with just four capsules, a table and chairs.

Un futon d'un mètre sur deux encerclé de murs en plastique. Une ouverture de la taille d'une porte de micro-ondes, cachée par un petit rideau. Une console de commande à portée de main et un poste de télévision à hauteur de genou. C'est à cela que ressemble une capsule hôtelière japonaise. Ce type d'hôtel est apparu à Osaka en 1979 et a été imité depuis, dans bien d'autres villes, au Japon. Il est surtout utilisé par les « salarymen » qui ratent leur train à la sortie du boulot ou qui ont bu un coup de trop pour rentrer chez eux. Par conséquent, la plupart des capsules sont réservées aux hommes et situés près d'une gare. Tout le nécessaire de toilette (savon, shampooing, brosse à dents, rasoir, peigne, peignoir, serviette...) est généralement compris dans le prix. Capsule Inn Akihabara dispose de 208 capsules ainsi que des modules réservés aux amies voyageant ensemble. Un tel module comprend quatre capsules et un espace avec une table et des chaises.

Een futon van een op twee meter omringd door plastic muren. Een microgolfovendeurtje met een gordijntje ervoor. Een elektronische console in handbereik en een tv op kniehoogte. Zo ziet een 'kamer' in een Japans capsulehotel eruit. Dit soort hotel ontstond in '79 in Osaka en kende sindsdien veel navolging in Japanse steden. Vooral zakenlui of 'salarymen' die na het werk hun trein missen of na het borreluurtje te beschonken blijken om nog thuis te geraken, maken er graag gebruik van. Bijgevolg zijn de meeste capsule inns 'men only' en gesitueerd vlakbij een station. Alles wat nodig is om je op te frissen (zeep, shampoo, tandenborstel, scheermes, kam, badjas, handdoek...) is vaak ook inbegrepen in de prijs. Capsule Inn Akihabara bevat 208 capsules, en heeft zelfs speciale 'kamers voor vriendinnen' met slechts vier capsules, een tafeltje en stoelen.

A typical capsule hotel comprises the bedroom section and a public area with the bar, restaurant, bathrooms and sometimes a massage room.

Un hôtel à capsule standard comporte une partie logement et un espace public avec bar, restaurant, espace de bain et parfois, de massage.

Een typisch capsulehotel bestaat uit een slaapgedeelte en een publiek gedeelte met bar, restaurant, bad- en eventueel massageruimte.

CAPSULE INN AKIHABARA - 6-9 AKIHABARA TAITO-KU, TOKYO 110-0006, JAPAN - +81 3 3251-0841 · WWW.CAPSULEINN.COM · TROILUS@TROILUSCORP.COM

DESIGN HOTEL SPAIN

A designer's dream

There are masses of design hotels. Yet Hotel Silken Puerta is quite unique. No less than nineteen top designers and architects from thirteen countries worked on this twelve-floor temple of design in Madrid. Each floor is the result of an individual view of hotel life. Together they make up 34,000 sq. m. of space, a fusion of the best in avant-garde design and architecture. So, who are we talking about here? Norman Foster, David Chipperfield, Victorio & Lucchino, Marc Newson, Ron Arad, Oscar Niemeyer, and more of that ilk. And what's most fun? Jason Bruges' Memory Wall, which records the movements of passing guests and screens them at a later time, Zaha Hadid's furniture, which grows out of the walls like ceps, the angular rooms by Plasma Studio, Kathryn Findlay's floating bed and Jean Nouvel's swimming pool with black water.

Il en existe beaucoup. Et pourtant, l'hôtel Silken Puerta est unique. Ce temple du design madrilène de 12 étages a vu collaborer 19 architectes et créateurs de renom de 13 nationalités différentes. Chaque étage reflète une vision différente de la vie d'hôtel. Ensemble, ils offrent 34.000 m² d'espace rassemblant ce qu'il y a de mieux dans l'architecture et le design d'avant garde. Les plus grands noms? Norman Foster, David Chipperfield, Victorio & Lucchino, Marc Newson, Ron Arad, Oscar Neimeyer, etc. Les plus chouettes découvertes? Le Memory Wall de Jason Bruges, qui enregistre les mouvements des passants pour les restituer sous forme d'images ensuite. Le mobilier de Zaha Hadid qui semble extrudé des murs. Les chambres géométriques de Plasma Studio. Le lit suspendu de Kathryn Findlays et le bassin d'eau noire de Jean Nouvel.

Er zijn hopen designhotels. En toch is Hotel Silken Puerta uniek. Aan deze Madrileense designtempel van twaalf verdiepingen werkten in totaal immers maar liefst negentien topontwerpers en –architecten uit dertien verschillende landen mee. Elke verdieping is de neerslag van een andere visie op het hotelleven. Samen vormen ze 34.000 m² ruimte die het beste in avant-garde design en architectuur met elkaar laat versmelten. De grootste namen? Norman Foster, David Chipperfield, Victorio & Lucchino, Marc Newson, Ron Arad, Oscar Neimeyer, enz. De leukste vondsten? Jason Bruges' Memory Wall, die de bewegingen van voorbijlopende gasten registreert om ze later terug te projecteren, de meubels van Zaha Hadid die als eekhoorntjesbrood uit de wanden groeien, de hoekige kamers van Plasma Studio, Kathryn Findlays zwevende bed en Jean Nouvels zwembad met zwart water.

HOTEL SILKEN PUERTA - AVENIDA DE AMÉRICA 41, 28002 MADRID, SPAIN - +34 917 445 400 - WWW.HOTELPUERTAMERICA.COM - HOTEL.PUERTAMERICA@HOTELES-SILKEN.COM

This design hotel contains twelve suites —all located on the twelfth floor–, 22 junior suites and 308 premium rooms. At reservation you get to choose on which floor you want to sleep.

Cet hotel design comporte douze suites - toutes situées au douzième étage -, 22 suites junior et 308 chambres classiques. Lors de la réservation, vous pourrez choisir l'étage où vous souhaitez loger.

Dit designhotel bevat twaalf suites —alle gelegen op de twaalfde verdieping–, 22 junior suites en 308 gewone kamers. Bij reservatie kan je kiezen op welke verdieping je wil slapen.

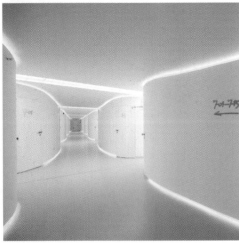

All the floors boast the same layout, with a central lobby upon exiting the lift and a hallway which leads to rooms on either side. Zaha Hadids lobby is dominated by Vortexx, a sinuously shaped lamp that changes colour every so often.

Tous les étages sont aménagés de la même façon : un lobby central où arrive l'ascenseur et, des deux côtés, un couloir menant aux chambres. Le lobby de Zaha Hadids est dominé par Vortexx, un lustre aux courbes sensuelles qui change de couleur au fil du temps.

Alle verdiepingen hebben dezelfde indeling: een centrale lobby voor de lift met aan weerskanten een gang naar de kamers. Zaha Hadids lobby wordt gedomineerd door Vortexx, een zinnelijk gevormde lamp die geregeld van kleur verandert.

CUBICLE HOTEL

To boldly go...

Hypermodern 10 sq. m. rooms in airport terminals, packed with electronic devices, which one books for 4-hour periods. This is Yotel, a new concept by the Yo! guru Simon Woodroffe. Their futuristic design, inspired by first-class aircraft cabins and Japanese capsule hotels, enables you to enjoy all the luxury facilities of a business class hotel but at very affordable prices and without the need for a receptionist. Anyone who has to catch an early morning flight or is waiting for a transfer can use the cabins to catch forty winks. But according to insiders the most revolutionary element is the windows, which look inwards rather than outwards, which means that this sort of hotel can be located in any sort of environment, even underground if necessary.

Des chambres hypermodernes de 10 m² dans des terminaux d'aéroports, suréquipées de gadgets électroniques et à louer par blocs de quatre heures. C'est Yotel, le dernier concept du gourou Yo! Simon Woodroffe. Le design futuriste, inspiré des premières classes d'avion et des hôtels capsules japonais permet de profiter de tout le luxe qu'offre un hôtel d'affaires mais à un prix très abordable et sans l'intervention d'un réceptionniste. Elles se destinent autant à ceux qui doivent prendre un avion très tôt matin qu'aux passagers en transit et qui veulent encore profiter d'une petite sieste. Et pourtant l'élément le plus révolutionnaire, à entendre les initiés, se situe dans les fenêtres qui regardent vers l'intérieur au lieu de l'extérieur, ce qui signifie que ce type d'hôtel convient à n'importe quel environnement, même souterrain, s'il le devait.

Hypermoderne kamers van 10 m² in luchthaventerminals, volgepropt met elektronische snufjes, en te boeken in blokken van vier uur. Dat is Yotel, een nieuw concept van Yo!-goeroe Simon Woodroffe. Het futuristische design, geïnspireerd op eersteklas vliegtuigcabines en Japanse capsulehotels, biedt de mogelijkheid om te genieten van alle luxevoorzieningen van een business class-hotel, maar aan zeer betaalbare prijzen en zonder tussenkomst van een receptionist. Zowel wie 's morgens vroeg een vlucht moet halen als wie op een transfer wacht, kan gebruik maken van de cabines om nog snel een uiltje te knappen. Toch zit het meest revolutionaire element 'm volgens insiders in de ramen, die uitkijken naar binnen in plaats van naar buiten, wat betekent dat dit soort hotels in eender welke soort omgeving ingepast kan worden - als het moet zelfs ondergronds.

Each room contains a double or single bed, a techno wall, a workstation, a flatscreen TV, internet access and interactive lighting.

Une chambre comporte entre autres un lit simple ou un lit double, un mur techno, un poste de travail, un écran tv plat, l'accès à internet et un éclairage interactif.

Een kamer bevat onder meer een dubbel of enkel bed, een technomuur, een werkstation, een flatscreen tv, internettoegang en interactieve verlichting.

YOTEL - Heathrow Airport, Terminal 4 / Gatwick Airport, South Terminal, United Kingdom - www.yotel.com

EPILOGUE

Anyone who has looked through this book will probably have noticed that many of the places came into being around the last turn of the century. In other words, the quest for original accommodation is a recent trend, but one which will probably not disappear too quickly. After all, there are plenty of new projects for even more extreme accommodation planned all over the world. In this epilogue we would like to give you a glimpse of the extreme hotels of the future.

There are at the moment no less than two underwater resorts under construction. The Poseidon Mystery Island should be welcoming its first guests in a secret lagoon on Fiji in early 2009. It will comprise 24 underwater suites, a revolving restaurant and bar, a library, a conference room, a wedding chapel and a spa, and the part above the water will have beach villas, six restaurants and more such delights.
Crescent Hydropolis Resorts is in the meantime building its first underwater resort in the Yellow Sea near the Chinese city of Qingdao. Hydro-shuttles connect a hydro-tower on dry land to an underwater complex with 220 suites, wellness centres, a dance hall, revolving restaurants and other unique facilities. Crescent Hydropolis Resorts also hopes to be able to open this centre in 2009, and then to start building branches near London, New York, Monaco and elsewhere.

It seems that space is also a boundary that plenty of people still want to cross. So Bigelow Aerospace has purchased a design from NASA for inflatable space homes. The owner – motel tycoon Robert Bigelow from Las Vegas – hopes to have the first commercial space station (called Nautilus) in operation by 2010 and has offered 50 million dollars to the first American company that can design a reusable space vehicle that is suitable for transporting people back and forth. In its turn, Space Island Projects is developing a self-sufficient structure in the form of a wheel that can be put into orbit around the Earth. It would be a hotel for 400 guests and employ 100 people. The guests would be able to relax in zero gravity suites, let their hair down in a dance hall with limited gravity, work in the kitchen garden and even help with minor repairs on the outside of the space station. Its CEO, Gene Meyers, hopes to receive the first guests in 2015.
Lastly, Hans-Jurgen Rombaut of the Rotterdam Academy of Architecture has drawn up plans for the first hotel on the Moon. He designed a structure with walls

Celui qui aura parcouru ce livre aura remarqué que de nombreux hébergements décrits sont nés au tournant du XXIe siècle. La quête de logements originaux est donc un phénomène récent mais qui n'est pas près pas disparaître. Il existe aux quatre coins du monde quantités de nouveaux projets de logements encore plus extrêmes. Cet épilogue vous permet de jeter un oeil sur ce que nous réservent les Extreme Hotels à venir.

Ainsi, deux « resorts » sous-marins sont en cours de construction. Le Poseidon Mystery Island, qui accueillera ses premiers hôtes sur une lagune, encore secrète, des îles Fidji, début 2009. Sous l'eau, il comportera 24 suites, un restaurant et un bar rotatifs, une bibliothèque, une salle de réunion, une chapelle de mariage et un spa. La partie émergée comprendra des « beach villas », six restaurants et bien d'autres belles choses. Crescent Hydropolis Resorts construit son premier « resort » sous-marin dans la mer Jaune de Qingdao, en Chine. Une hydro tour sur la terre ferme est reliée par des hydro navettes à un complexe immergé offrant 220 suites, un centre de bien-être, une salle de bal, des restaurants pivotants et d'autres équipements uniques. Crescent Hydropolis Resorts pense également ouvrir ses portes en 2009, avant de commencer la construction de filiales à Londres, New York et Monaco, entre autres.

L'espace constitue toujours une frontière que beaucoup, semble-t-il, s'impatientent de franchir. Bigelow Aerospace a ainsi acquis un projet pour des logements spatiaux gonflables auprès de la NASA. Son propriétaire, Robert Bigelow, le roi des motels de Las Vegas, espère que la première station spatiale commerciale - baptisée Nautilus – soit prête en 2010. Il offre 50 millions de dollars à la première firme américaine qui pourra concevoir un engin spatial réutilisable capable d'amener les gens jusqu'au Nautilus.
Space Island Projects s'occupée de développer une structure circulaire autonome qui peut être lancée en orbite autour de la terre. L'hôtel accueillerait 400 personnes et 100 membres d'équipage. Les clients pourraient se reposer dans des « zero gravity suites », s'éclater dans un dancing à pesanteur limitée, travailler dans le potager et même contribuer à de petites réparations à l'extérieur de la station. Le CEO Gene Meyers espère pouvoir accueillir ses premiers clients en 2015.
Hans-Jurgen Rombaut, de la « Rotterdamse Academie voor Architectuur », a conçu des plans pour le premier hôtel lunaire. Il a imaginé une structure aux murs épais

Wie dit boek doorgenomen heeft, zal wellicht gemerkt hebben dat veel van de besproken logeergelegenheden ontstaan zijn rond de voorbije eeuwwisseling. De queeste naar originele accommodaties is dus een recente trend, maar dan een die wellicht niet al te snel zal overwaaien. Verspreid over de hele wereld staan tal van nieuwe projecten voor nóg extremere logementen immers in de kinderschoenen. In deze epiloog gunnen wij u graag een blik op de Extreme Hotels van de toekomst.

Zo worden er op dit moment maar liefst twee onderwaterresorts gebouwd. Het Poseidon Mystery Island wil begin 2009 in een geheime lagune op Fiji zijn eerste gasten verwelkomen. Het zal bestaan uit 24 onderwatersuites, een draaiend restaurant en bar, een bibliotheek, een vergaderzaal, een trouwkapel, een kuuroord en een bovenwatergedeelte met beach villas, zes restaurants en meer van dat fraais.
Crescent Hydropolis Resorts is intussen bezig met de constructie van zijn eerste onderwaterresort in de Gele Zee bij het Chinese Qingdao. Een hydrotoren op het vasteland wordt via hydroshuttles verbonden met een onderwatercomplex dat onderdak biedt aan 220 suites, welness centers, een danszaal, draaiende restaurants en andere unieke faciliteiten. Ook Crescent Hydropolis Resorts hoopt de deuren in 2009 te kunnen openzwaaien, om daarna van start te gaan met de bouw van filialen nabij onder meer Londen, New York en Monaco.

Ook de ruimte vormt nog altijd een grens waarvoor veel mensen blijkbaar staan te trappelen om hem te overschrijden. Zo heeft Bigelow Aerospace van NASA een ontwerp gekocht voor opblaasbare ruimtewoningen. Eigenaar en moteltycoon Robert Bigelow uit Las Vegas hoopt het eerste werkende commerciële ruimtestation – Nautilus genaamd – tegen 2010 klaar te hebben en looft 50 miljoen dollar uit aan het eerste Amerikaanse bedrijf dat een herbruikbaar ruimtetuig kan ontwerpen dat geschikt is om mensen van en naar de Nautilus te voeren.
Space Island Projects is dan weer bezig met de ontwikkeling van een zelfredzame structuur in de vorm van een wiel dat in een baan om de aarde gebracht kan worden. Het hotel zou 400 gasten kunnen ontvangen en 100 mensen tewerkstellen. De gasten zouden kunnen relaxen in zero gravity suites, uit de bol gaan in een danszaal met beperkte zwaartekracht, werken in de moestuin en zelfs meehelpen bij kleine reparaties aan de buitenkant van het ruimtestation. CEO Gene Meyers hoopt de eerste gasten te kunnen verwelkomen in 2015.

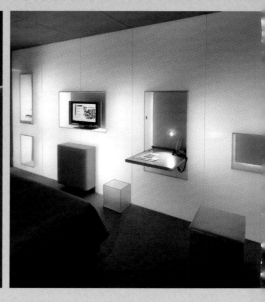

50 cm thick and two towers 160 m high, which would form the backbone for tear-shaped accommodation capsules. His design attracted the attention of Bernard Foing of the Lunar Explorers Society, a group of space specialists who want to construct a robot-controlled Moon base by 2015, followed by a manned version by 2020 and a proper Moon village by 2040. Foing thinks Rombautís hotel fits perfectly into the plan.

Other visionaries, such as m3architects in London, think that the most radical new development in travel will be in the use of pods – collapsible capsules on legs – which can be installed in the most remote places on Earth. They are self-supporting, need no infrastructure (travellers would be dropped by helicopter), and have only minimal impact on their surroundings. When this tourist destination is no longer of sufficient interest, the pods can simply be moved. Their competitors, Travelodge, are currently experimenting with Travelpod tents, movable hotel rooms made of clear polycarbonate sheeting and equipped with a luxury bed, a table, lighting, floor covering and a bathroom. They are aiming at festival-goers and people who don't find camping luxurious enough.

Cruise tourism will receive a new stimulus from the introduction of revolutionary airships and complete floating towns. The Aeroscraft is a helium-filled luxury airship operated by the Worldwide Aeros Corporation and offers its guests unrestricted freedom of movement. It can be landed anywhere in the world, even on water and snow. Since it flies lower than an aircraft it can be given larger windows and so has a much more attractive view. The passengers can visit an unlimited number of places in the course of a single trip. The first flight is planned for 2010.
The Freedom Ship is a concept for a floating town. At 1.4 km long, 230 m wide and 110 m high, this vessel created by Freedom Ship International would accom-

de 50 cm comportant deux tours de 160 mètres de haut, qui forment l'épine dorsale de capsules d'habitation en forme de gouttes. Son projet a retenu l'attention de Bernard Foing de la Lunar Explorers Society, un groupement de spécialistes de l'espace qui veut bâtir une base lunaire robotisée d'ici 2015, suivi d'une version pilotée en 2020 et un véritable village lunaire en 2040. D'après Foing, l'hôtel de Rombaut s'inscrit parfaitement dans ce schéma.

D'autres visionnaires, tels que les m3architects de Londres, estiment que LA nouvelle révolution du voyage consistera dans ce qu'on appelle les « pods », des capsules dépliables sur pilotis qui peuvent être installés aux coins les plus reculés de la planète. Autonomes, elles ne nécessitent aucune infrastructure (les gens seraient amenés par hélicoptère), et auraient un impact minimal sur l'environnement. Lorsqu'une destination touristique n'offre plus d'intérêt, il suffit de déplacer les capsules. A l'heure actuelle, son concurrent Travelodge expérimente déjà ses tentes Travelpod, des chambres d'hôtel mobiles en polycarbonate équipées d'un luxueux lit, d'une table, d'éclairage, d'un revêtement au sol et d'une salle de bain. Elles visent un public de festivaliers et de gens qui estiment que le camping n'est pas assez haut de gamme.

Le tourisme de croisière va connaître un nouvel élan grâce à l'arrivée de navires aériens révolutionnaires et de véritables villes flottantes. Gonflé à l'hélium l'Aeroscraft, de la firme californienne Worldwide Aeros Corporation, offre un espace illimité de voyage et peut se poser n'importe où dans le monde – même sur la mer ou dans la neige. Comme l'aéronef navigue à basse altitude, il s'agrémente de grandes fenêtres offrant un panorama plus spectaculaire. Les passagers pourront multiplier les destinations durant un seul et même voyage. Le premier vol est prévu en 2010.
Le Freedom Ship est un concept de ville flottante. Long de 1,4 kilomètre, large de 230 mètres et haute de 110

Hans-Jurgen Rombaut van de Rotterdamse Academie voor Architectuur tenslotte, ontwierp plannen voor het eerste maanhotel. Hij bedacht een structuur met 50 cm dikke muren en twee torens van 160 meter hoog, die de ruggengraat vormen voor traanvormige wooncapsules. Zijn ontwerp trok de aandacht van Bernard Foing van de Lunar Explorers Society, een groep ruimtespecialisten die een door robots bestuurde maanbasis willen construeren tegen 2015, gevolgd door een bemande versie tegen 2020 en een heus maandorp tegen 2040. Rombauts hotel past volgens Foing volledig in het schema.

Andere visionairs, zoals de m3architects in Londen, denken dat dé nieuwe reisrevolutie zal liggen in zogenaamde "pods", opvouwbare capsules op stelten die op de meest afgelegen plekken ter wereld neergepoot kunnen worden. Ze zijn zelfvoorzienend, hebben geen infrastructuur nodig (de reizigers zouden per helikopter vervoerd worden), en hebben een minimale impact op hun omgeving. Als de toeristische bestemming niet interessant genoeg meer is, kunnen ze simpelweg verplaatst worden.
Concurrent Travelodge experimenteert op dit moment al volop met Travelpod tents, verplaatsbare hotelkamers die bestaan uit polycarbonaatglas en uitgerust zijn met een luxebed, een tafel, verlichting, vloerbekleding en een badkamer. Ze mikken op een publiek van festivalgangers en mensen die kamperen niet luxueus genoeg vinden.

Het cruisetoerisme zal een nieuwe impuls krijgen dankzij de komst van revolutionaire luchtschepen en heuse drijvende steden. De Aeroscraft is een met helium gevuld luxe luchtschip van de Californische firma Worldwide Aeros Corporation dat gasten onbeperkte bewegingsruimte biedt en overal te wereld aan grond gezet kan worden – zelfs op water of sneeuw. Doordat het lager vliegt dan een vliegtuig kunnen er grotere ramen voorzien worden en biedt het een mooier uitzicht. De passagiers zullen een onbeperkt aantal bestemmingen kunnen aandoen tijdens een en dezelfde trip. De eerste vlucht wordt voorzien tegen 2010.

modate a mobile town with 18,000 luxury housing units, 3000 shops, 2400 timeshare units 10,000 hotel rooms, a casino, a hospital, a university, an international trade centre, and more than 40 ha of parks and sports and recreation space. The intention is that this gigantic ship would sail around the world once every three years.

Another view of the same idea is embodied in America World City by Westin Hotels & Resorts: they opt decisively for upward expansion and intend to mount a hotel of three 21-storey towers on a 250,000 ton ship, with room for 6200 guests and 2400 staff. There would also be sufficient room for a town centre with streets full of shops, restaurants and cafés, a theatre, extensive conference facilities, a university, a wellness centre, a spa, a TV production and transmission centre and much, much more.

But by far the most revolutionary swing as far as hotels are concerned might creep into our lives almost unnoticed. This is the trend towards packing hotels and their rooms full of robotic, biometric and nano-technology. Robot technology means that service provided by people will in time become a thing of the past: pouring a drink, cleaning rooms, giving massages, will all be within the capabilities of robots. Biometry is a security technology that makes it possible to open doors, lock safes and check in with the aid of iris scans, fingerprints and voice recognition. And finally, as from 2025, nano-technology may well mean that hotel rooms can transform themselves at a molecular level, depending on the guest's taste. Would you like a double bed and an armchair, or do you prefer a single bed and a desk? One press of the button and the room changes completely.

So tourism can literally do as it pleases. In other words, you ain't seen nothin' yet!

mètres, ce navire de Freedom Ship International doit héberger une ville mobile de 18.000 habitations de luxe, 3.000 magasins, 2.400 « timeshare-units », 10.000 chambres d'hôtel, un casino, un hôpital, une université, un centre commercial international, et un parc de plus de 40 hectares, offrant un espace de récréation et de sport. L'objectif est de faire faire à ce navire le tour de la terre, tous les trois ans.

L'America World City de Westin Hotels & Resorts offre une autre vision de la même idée: optant résolument pour l'expansion en hauteur, ses concepteurs veulent poser trois tours de 21 étages sur un bateau pesant 250.000 tonnes. Il y aurait place pour 6.200 passagers et 2.400 employés. Les rues situées « downtown » seraient, elles, équipées de magasins, restaurants, cafés, d'un théâtre, de vastes salles de réunion, d'une université, d'un centre de remise en forme avec espace de cure, d'une station de télévision et de beaucoup, beaucoup d'autres choses.

Mais le tournant le plus révolutionnaire de l'hôtellerie pourrait bien s'immiscer dans nos vies de façon inaperçue. Il s'agit de la tendance qui consiste à bourrer les chambres d'hôtel de robotique, de biométrie et de nanotechnologie. Avec le temps, la robotique s'attachera à faire disparaître le personnel: servir un verre, nettoyer les chambres, effectuer un massage ... les robots s'occuperont de tout. La biométrie est, quant à elle, une technologie de sécurisation qui permet d'ouvrir les portes, verrouiller des coffres ou de s'enregistrer par le biais du scan de l'iris, de l'empreinte digitale ou de modules de reconnaissance vocale. La nanotechnologie, pour finir, devrait permettre d'ici 2025, que les chambres d'hôtel s'adaptent - sur un plan moléculaire - aux goûts du client. Désirez-vous un lit double avec une chaise ou plutôt un lit simple avec un bureau? Appuyez sur un bouton et la chambre est tout autre. Le tourisme peut donc encore littéralement explorer des domaines inconnus...

En d'autres termes: «you ain't seen nothing yet!» (Vous n'avez encore rien vu!)

Het Freedom Ship is een concept voor een drijvende stad. Met een lengte van 1,4 kilometer, een breedte van 230 meter en een hoogte van 110 meter zou dit schip van Freedom Ship International plaats moeten bieden aan een mobiele stad met 18.000 luxueuze wooneenheden, 3.000 winkels, 2.400 timeshare-units, 10.000 hotelkamers, een casino, een ziekenhuis, een universiteit, een internationaal handelscentrum, en meer dan 40 hectare park, sport- en recreatieruimte. Bedoeling is om met dit gigantische schip eens om de drie jaar volledig rond de aarde te varen. America World City van Westin Hotels & Resorts biedt een andere visie op hetzelfde idee: zij kiezen resoluut voor uitbreiding in de hoogte en willen drie hoteltorens van 21 verdiepingen neerpoten op een 250.000 ton wegend schip, dat plaats zou moeten bieden aan 6.200 passagiers en 2.400 medewerkers. Daarnaast is er nog ruimte voor een 'downtown' van straten, gevuld met winkels, restaurants, cafés, een theater, uitgebreide vergaderfaciliteiten, een universiteit, een welness center, een kuuroord, een tv-productie- en zendruimte en veel, veel meer.

Maar veruit de meest revolutionaire ommekeer wat hotels betreft, zou weleens op een onopvallendere manier onze levens kunnen binnensluipen. Dat is de trend om hotels en kamers vol te proppen met robot-, biometrie- en nanotechnologie. Robottechnologie zal er mettertijd voor zorgen dat bediening door mensen verleden tijd wordt: een drankje inschenken, kamers schoonmaken, massages geven... robots zullen het allemaal kunnen. Biometrie is een beveiligingstechnologie die het mogelijk maakt om deuren te openen, kluizen te vergrendelen of in te checken met behulp van irisscans, vingerafdrukken of stemherkenningsmodules. Nanotechnologie, tenslotte, zou er vanaf 2025 wel eens voor kunnen gaan zorgen dat hotelkamers zichzelf op moleculair niveau kunnen transformeren naargelang de smaak van de gast. Wil je een dubbel bed en een zetel of eerder een eenpersoonsbed en een bureau? Eén druk op de knop en de kamer ziet er totaal anders uit.

Toerisme kan dus letterlijk nog alle kanten uit... Met andere woorden: you ain't seen nothing yet!

ACKNOWLEDGEMENTS

PHOTOGRAPHY

IGLOO VILLAGES ZWITSERLAND
• Photos © iglu-dorf.com
• Photos © Christian Perret

UNDERWATER COTTAGE
• Photos © Mikael Genberg

TIPI VILLAGE
• Photos © Angelika Harden-Norman at www.blackfeet culturecamp.com
• Inside view: Photo © Christian Lindén

ASTRO HOTEL CHILI
• Photos © www.obtura.cl & Elqui Domos

EARTHSHIP RENTAL
• Photos © Earthship Biotecture

SNOW HOTEL
• Photos © Lumilinna Kemi, Snowcastle Ltd.

UNDERWATER HOTEL
• Photos © Jules' Undersea Lodge

DESERT CASTLE
• Photos © Le Mirage Desert Lodge & Spa

TREEHOUSE HOTEL
• Photos © Mikael Genberg

GREENHOUSE B&B
• Photos © Bloemenbed

HOTEL ON STILTS
• Photos © Hilton Worldwide Resorts

CAVE HOTEL
• Photos © Yunak Evleri

TREETOP HOTEL
• Photos © Ariaú Amazon Towers Hotel

GLASS IGLOO VILLAGE
• Photos © Hotel & Igloo Village Kakslauttanen

HARBOUR CRANE B&B
• Photos © André Minkema

PRISON HOSTEL
• Photos © Ziga Okorn

ARENA HOTEL
• Photos © Mexico Boutique Hotels

B&B BEAGLE
• Photos © Dog Bark Park
• Photo © Layne Kennedy

TRULLO RENTAL
• Photos © Allesandro Di Gaetano (www.alessandrodigaetano.com)
• Photos © Mario Cucinella
• Photos © Elizabeth Francis

SCHOOL HOTEL
• Photos © McMenamins Kennedy School

WINE BARREL HOTEL
• Photos © De Vrouwe van Stavoren

GHOST TOWN
• Photos © Dunton Hot Springs

TOWER SUITES
• Photos © Rinie Bleeker Fotografie

HOBBIT MOTEL
• Photos © Waitomo World Unique Motels

WIND MILL RENTAL
• Photos © Lazaros Orfanidis

CHURCH HOTEL
• Photos © Luc Boegly – Paris

LIGHTHOUSE B&B
• Photos © André Minkema

SEWER-PIPE HOTEL
• Photos © Dietmar Tollerian

AIRPLANE MOTEL
• Photos © Waitomo World Unique Motels

HOTEL ON WHEELS
• Photos © Exploranter Overland Hotel

B&B CABOOSES
• Photos © Red Caboose Getaway

TRAILER PARK
• Photos © Airstreameurope. com

GIPSY CAMP
• Photos © Boheems Paradijs

TRAINSTATION HOTEL
• Photos © Intercontinental Hotels Group

B&B BOAT
• Photos © Ken Pate & Bob Abrams

SURVIVAL CAPSULE HOTEL
• Photos © Capsulehotel

FREIGHT CAR RENTAL
• Photos © STARwagon
• Photos © Wiebrand Stuive

ART HOTEL
• Photos © Lars Stroschen

LIBRARY HOTEL
• Photos © Library Hotel

ONE ROOM HOTEL
• Photos © L/B

THEME HOTEL
• Photos © Fantasyland Hotel at West Edmonton Mall

CAPSULE HOTEL
• Photos © Capsule Inn Akihabara

DESIGN HOTEL
• Photos © Rafael Vargas

CUBICLE HOTEL
• Prototype images © Yotel

TEXT

AUTHOR
Birgit Krols

ENGLISH TRANSLATION
Gregory Ball

FRENCH TRANSLATION
Manuela Hollanders

DESIGN
Gunter Segers